【公孫策說歷史故事（四）】

夕陽紅

百位三國英雄勾勒成敗興衰

公孫策 著

〈總序〉三十本經典，一千個故事

經典之所以為經典，因為它的價值歷久不衰。例如我們對經典老歌，總能哼上幾句；對經典名句（如「多行不義必自斃」等）也能琅琅上口。可是一聽到「四書五經」、「經史子集」，大多數人都會敬而遠之。

原因之一，是我們對經典的整理工作，做得太少了。宋朝朱熹注解《四書》，就是一種整理工作，也的確讓《四書》普及於當時的一般人。清朝蘅塘退士輯《唐詩三百首》、吳氏兄弟輯《古文觀止》，也都是著眼於「經典普及化」的整理工作。然而，中華民國建國一百年了，卻未見值得稱道的經典整理作品。

另一個原因，是考試成了教育的唯一目的。於是，凡考試不考的，學生當然就不讀。這不能怪學生，也不能怪老師，事實上大家都為了考試心無旁騖。而那些對經典充滿使命感的大人們，只好規定一些必考的經典。其結果是，學生為了考試，讀了、背了，考完就忘了，而且從此痛恨讀經，視經典為洪水猛獸或深仇大恨——經典反成了學生心目中的「全民公敵」！

城邦出版集團執行長何飛鵬兄對中國經典有他的使命感，城邦也出版了很多「經典整理」的書籍，如：〈中文經典100句〉、〈經典一日通〉等系列。飛鵬兄建議我「以三十本經典為範疇，寫至少一千個故事」，取材標準則是「好聽的故事、經典的故事、有用的故事」。

於是我發願以四年時間，寫完一千個故事，而且每天一個故事（周休二日），在城邦集團的「POPO原創」網站發表，這項任務在二〇一四年間完成。然而網路PO文雖然停止，我仍然繼續寫故事，希望這個「說歷史故事」系列可以一直寫下去。

簡單說，這一個系列嘗試以「說故事」的形式，將經典整理成能夠普及大眾的版本。不是「概論」，也不是「譯本」，而是故事書。然為傳承經典，加入「原典精華」，讓讀者又不僅僅是看故事書而已。

公孫策

二〇一一年秋

二〇一五年冬修訂

〈推薦專文〉書寫歷史人物：愚蠢的人，或理性的人？

三國，是一段非常迷人的歷史，千古多少風流人物也談不盡、說不完。現在公孫策從「人物心境」著眼，重新講三國，並且標舉歷史的學習應是「五度空間學習」，這對於中學生，或是愛聽歷史故事的社會大眾而言，確實是一個言簡意賅的提醒。

公孫策在全書十分關注歷史發展過程中「人」的關鍵，我認為是相當重要的；其中一個原因在於目前中學歷史教科書所呈現的，幾乎是一個沒有「人」的歷史，即使有人名的交代，卻經常是面目模糊的，人變成歷史的配角，僅是歷史敘事中一個用來指涉「事實」的媒介而已。在如此侷限中，人淪為歷史的客體，甚至是歷史「決定論」下的產物。

其實，無論中國與西方史學傳統，向來是「重視人物」的。從這樣的體認來反思，公孫策側重「人物心境」的努力，便很有意義。

在大多數情形下，我們解讀歷史人物，往往出現兩種典型的「想像」，一種是古人很愚蠢，另一種是古人很理性。前者譬如漢靈帝，怎麼會糊裡糊塗開列價碼表，出賣各等官職呢？後者譬如呂蒙，即便同鄉故人，私取民家斗笠是為了維護公物，仍然得依律下令處斬。但公孫策顯然在本書中很希望再提示另一種可能，那便是人會因為一些「小事情」，在當下遭受了影響，因而做出不同於以往，或迥異於性格的決定與行動，其結果甚至造成歷史發展的轉變。

不過，想要洞燭歷史人物當下心境的轉折或衝動，這是談何容易的功夫！更何況，公孫策認為，「小事情」這等偶發細故，往往是歷史發展的轉捩點，如此「見微知著」的歷史解釋，非比尋常，相關的書寫論述並不輕鬆，而面臨的挑戰或許更大。

例如第五十五回談到袁紹的敗亡，究竟有多大的程度可以歸因於逢紀進讒，導致田豐被處死，無法助袁紹挽救危局？第七十四回談到劉備取益州，究竟有多大的程度可以歸因於曹操沒有正視、重用張松？這其實都是極不容易論斷，也難以獲得共識的問題。

幸好公孫策在全書已經用心地鋪陳大量的史實，因此讀者自己可以前後比對、統合，在事理中體會人情，在人情中解讀事理，加上全書用字淺顯洗鍊，又能適度引用《三國志》、《資治通鑑》等典籍印證，白話解說，使得可讀性大為提高。

我們每一個人談論歷史、探究歷史，其實在多數情況下都是為了「回答問題」。因此，我們揀選了主題、取捨了材料、建構了因果，也做出了評價，甚至在「隱身」中將史事「引申」到時事，發為議論。由於歷史有太多細節與轉折，而現實又有太多曖昧與變化，因此談古論今，永遠是一件題材豐富、趣味盎然的事情。

現實經驗裡，在愚蠢與理性之外，人們當然還有諸多樣貌，因此歷史中的人物自然也不應該只有愚蠢或理性兩種可能，過往許多歷史書寫在人物處理上出現這樣的傾向，反映的是一種思想怠惰或貧乏的問題。人的豐富或複雜如何闡釋與彰顯，並且從中得著發現和啟示，這是讀史、寫史者都必須面臨的考驗，歷史迷人之處就在這裡。公孫策這本新書已經做出了嘗試，而「三國」應該也會繼續是跨世代不斷尋求對話交流的好題材。

黃春木／臺北市立建國高級中學歷史科教師

目錄

〈作者序〉五度空間學習——人物心境是重點中的重點

蘇東坡「大江東去，浪淘盡、千古風流人物」，一傢伙將三國英雄全都送進了浪花泡沫，我對此頗有意見。

英雄之所以為英雄，就在他們其實長存於人們心中，不因歲月流逝而消失。因此，書名借三國演義卷頭詩「青山依舊在，幾度夕陽紅」句，想表達的是：青山綠水都可能變色，但是夕陽卻是一樣的紅。

以人物為章名，則是有感於史學家趙翼《二十二史箚記》所言：「人才莫盛於三國。亦為三國之主，各能用人，故得重力相扶，以成鼎足之勢。」以人物串接故事，正能突顯三國時代的特色。然為免讀者因章名而誤以為各章是人物小傳，所以用副標題說明各章重點內容。

二〇一四年春天，我定下了往後的致力方向：推動「五度空間學習」，在時空四度空間之上，加入「人物心境」第五度空間。這跟我之前提倡的「人文史地一貫」主張一致，但更強調「人物心境」。

讀歷史、寫歷史、說歷史那麼多年下來，　項重要心得是：同一個人在不同時空、不同心境之下，會做出不同的決定，採取不同的行動（包括不決定、不行動）。這一點，有殊於常識性的「性格決定論」，同一個人即使性格恆常不善變，仍會因時空、氛圍，甚至健康狀況而做出「異常」決定或舉動。

袁紹為什麼不接受沮授「奉天子以討不臣」的建議？劉表為什麼不採納蒯越偷襲曹操後方的計策？曹操為什麼對張松冷淡，而失去取蜀先機？他們都做出異於各自性格的決定，而做出異常決定的原因，卻都是「小事情」。這些小事造成了歷史的偶然，但偶然往往改變了歷史。易言之，「人物心境」是那麼的關鍵。因此，體會人物心境當然應該是讀歷史的重點之一。

五度空間學習還有一重意思：知識載具的科技大進，由平面而立體，乃至文字、圖片、影片、音樂、戲劇……所有可以承載知識的形式，都因為數位匯流科技大進，而能同步、即時呈現，甚至已不止「五度」空間。

本書是系列的第四本，全系列其實都是著眼於數位閱讀時代的「N度空間」而寫作，成為電子讀物指日可待，更冀望「五度空間學習」成為大家的共識。

公孫策

二〇一四年十二月

1. 劉宏——皇帝公開賣官

三國演義開宗明義說「天下大勢，分久必合，合久必分」，然後直接切入東漢末年桓帝劉志禁錮士人（黨錮之禍），寵信宦官為禍亂之源；之後一任是靈帝劉宏，發生青蛇入殿，雷雨冰雹壞屋、地震、海嘯、雌雞化雄、山崩等災異。

劉宏下詔徵詢群臣，為什麼會發生這些災異？議郎（顧問官職位階不高，但得參與朝政）蔡邕（音「庸」）上疏認為是宦官干政所致。結果宦官群找了一個理由，將蔡邕罷職，放歸田里。

以此看來，靈帝是個昏君，事實卻不盡然。

漢桓帝時，重校五經文字，並且用古文（蝌蚪文）、篆書、隸書三種字體，刻在四十餘片石碑上，豎立於太學門外。全國各地前來參觀抄寫的，每天有千餘車輛，塞滿洛陽城大街小巷。這就是有名的「熹平石經」，負責主持三種文字書寫的就是蔡邕。

在此之前，護羌校尉段熲率軍平定西北方羌族叛亂，斬殺三萬八千餘人，威震西域；之後北方鮮卑入侵，護烏桓校尉夏育出征，兵敗；但隨後遼西太守趙苞平定亂軍。易言之，桓帝、靈帝在位期間，文治、武功都有政績，東漢帝國完全看不出有敗亡的跡象。

直到漢靈帝開始賣官。

漢靈帝在皇家林園西園設立「西邸」，公開出賣官爵，所有官職都有一定價碼：二千石（郡太守等級）二千萬錢，四百石四百萬。依正常法令或正規管道升遷的官職，只有三分之一到一半，也就是有一半到三分之二的官職是要賣錢的。沒有現金者甚至可以分期付款，先賒欠部分，就任後，照原價「加倍奉還」。想當然的，這種官吏肯定貪贓枉法弄錢。而位階比較高的官職，如三公與九卿（部長級），就得有高層關係才買得到，由於有關係，價碼比較優惠：三公一千萬錢，九卿五百萬錢。

【原典精華】

初開西邸賣官，入錢各有差：二千石二千萬；四百石四百萬；其以德次應選者①

半之，或三分之一；於西園立庫以貯之，又私令左右賣公卿，公千萬、卿五百萬。

——《資治通鑑．漢紀四十九》

這才是東漢帝國快速衰敗的直接原因。宦官干政，外戚弄權，士人結黨都還是洛陽權力中樞的壞現象而已，一旦有半數以上的郡守、縣令都以貪污為能事，地方上老百姓可就苦了。等到民怨累積到相當程度，就爆發民變——黃巾之亂。

①次：資歷。以德次應選：以德行或資歷任官。

2. 黃巾——巫醫變賊匪

黃巾原本不是盜匪，而是濟世宗教——太平教，由張角創立。

張角是個不第秀才，他入山採藥，遇一老人，碧眼童顏，喚他到洞中，傳授天書三卷，說：「此書名太平要術，如今你得到了，要用之來濟救世人，若萌異心，必獲惡報。」張角於是創立太平教，教授門徒。

當時瘟疫流行，張角宣稱他能治病。他為人治病的時候，叫病人下跪，說出自己的過失，然後喝下符水。病人偶有痊癒者，於是人們口耳相傳，拿他當神明崇拜。

十餘年間，太平教信徒多達數十萬人。遍布全國十三州中的八州。徒眾甚至變賣家財，前往投奔張角，道路上擁擠為之阻塞，途中病死的就有上萬人。

【你沒讀到的三國】

史書上記載：郡縣政府不察，反而報告「張角鼓勵人民向善，推廣教化，受到人民敬愛」。

撰史者認為，郡縣政府失職，但郡縣政府可能是對的：瘟疫流行，聽聞張角能治病，所以人民大量前往求治，「途中病死」可為佐證，而張角受人民敬愛，自然也是事實。

擁護者人數龐大，張角必須建立組織管理。他設了「三十六方（分區）」，大方萬餘人，小方六、七千人，各立將軍統御之，同時製造耳語「蒼天已死，黃天當立」，又說「歲在甲子，天下大吉」。八州境內，包括京師洛陽，官家戶戶在大門上用白石灰寫上「甲子」二字。

大「方」馬元義與中常侍封諝、徐奉暗中勾結，出封、徐二人為內應，約定明年（甲子年，西元一八四年）三月五日發動起事。

張角與二個弟弟張寶、張梁開始部署起義，並派弟子唐周去洛陽，告知封諝情況，沒

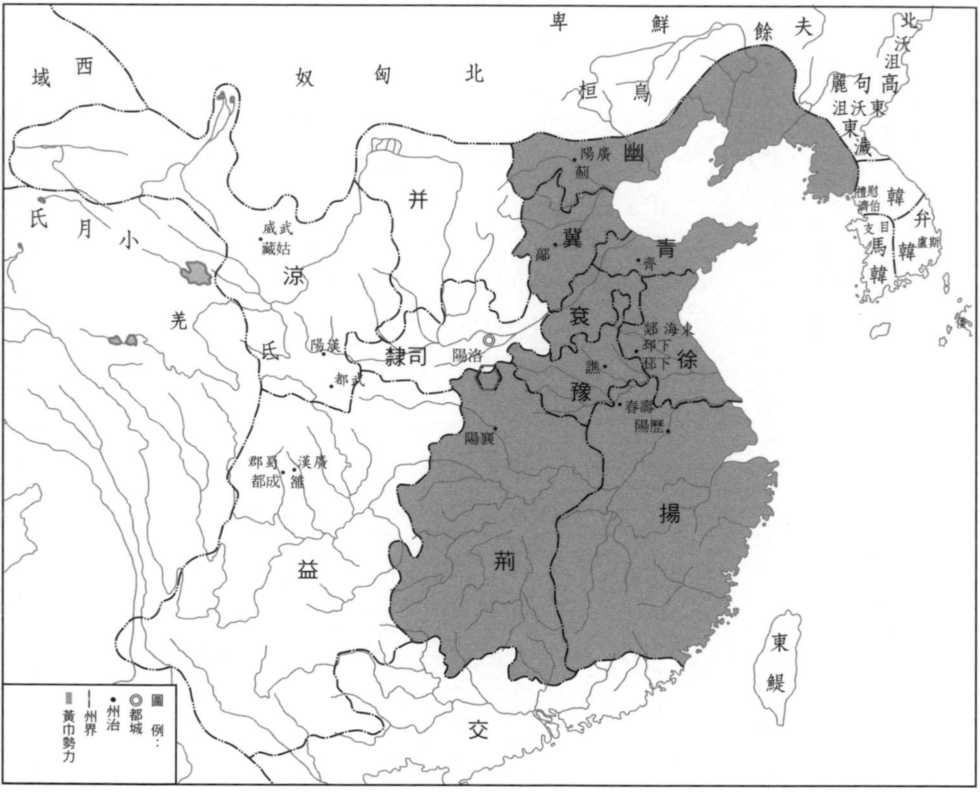

漢末十三州分布圖，黃巾勢力遍及八州

想到唐周卻向官府舉發此事。

東漢政府立即收捕馬元義，處以車裂酷刑，京畿大肆搜捕太平教徒，誅殺千餘人；可是封諝等太監只有下獄，沒有立即處決。

張角聞知事情洩漏，星夜舉兵，三十六方同時發動，自稱天公將軍，張寶稱地公將軍，張粱稱人公將軍。所有徒眾都頭裹黃巾作為標幟，官府（史書）稱之為「黃巾賊」。

人心思變，響應者一下子膨脹到四、五十萬人，許多郡守、縣令棄職而逃命，官軍聞風披靡，不到一個月，天下響應，京師震動。

漢靈帝擢昇大舅子何進為大將軍，護衛京師，另派中郎將盧植、皇甫嵩、朱儁各引精兵，三路進討。

民變已不可收拾，朝廷中卻忙於內鬥，郎中張鈞上書：「人民樂意歸附張角作亂，禍根都在十常侍。他們的父兄子弟親戚都派任刺史、太守，魚肉人民，人民的苦痛無處申訴，才被逼作賊。如今只要將十常侍處死，將他們的人頭懸掛南郊，向全國人民謝罪，黃巾巨寇自會消滅，不必軍事行動。」

事實上，當時受寵信並封侯的中常侍（可以進入寢殿的宦官）有十二人，靈帝寵愛宦官，甚至說出「張讓是我爹，趙忠是我娘」這種話。因而張鈞被御史誣奏：「張鈞本人是太平教徒」，於是收捕下獄，死在獄中。

【原典精華】

中常侍趙忠、張讓、夏惲、郭勝、段珪、宋典等皆封侯貴寵，上常言：「張常侍是我公，趙常侍是我母」

——《資治通鑑・漢紀五十》

3. 許劭——「亂世奸雄」一鎚定音

三路官軍之中，朱儁與黃巾將領波才交戰，敗戰受阻，皇甫嵩進駐長社（今河南長葛市東）於是成為孤軍，被黃巾團團包圍，皇甫嵩見賊軍結草為蓬，剛好又颳起大風，於是派出突擊隊，進行火攻。自己再率領大軍，擂鼓出城攻擊，黃巾大驚潰亂敗走。

這時騎都尉曹操率領援軍適時抵達，皇甫嵩與曹操會合朱儁，發動總攻擊，大破黃巾，殺數萬人。

曹操的老爹曹嵩，是中常侍曹騰的養子，因此襲曹姓。他們原本姓夏侯，這是後來夏侯氏多人在魏國位居要津的原因。

曹嵩有曹騰「罩」他，乃得以千金買到太尉（三公之一）官位，但也因此受到士人集團鄙視，曹操雖是權貴子弟，且才華顯露，但就因為此一背景，在崇尚門第的東漢末年，受到士族排擠。

有二位士族領袖對曹操評價很高：橋玄（不是大喬、小喬之父喬玄）與何顒。橋玄對曹操說：「天下將亂，非命世之才（具有扭轉世局能力的人才）不能拯救，能安定天下的，莫非就是你嗎？」何顒說：「漢室將亡，安天下者，必此子也。」

橋玄為曹操安排去見許劭，讓許劭品評一下。

東漢末年，士人結黨與宦官集團對抗。士人之間相互標榜之風，遂致良窳不齊，於是出現了一門「品人學」，品評人物的高下優劣。其中最著名的一組，是許劭與堂兄許靖，他倆每個月只在月初公開品評人物一次，稱為「月旦評」，受到許劭品評之後就能在士人群中有了「品級」。

這是橋玄替曹操想出來的解套之方，有了許劭的評級，就可以卸掉「宦官子弟」的黑帽子。

可是許劭看不起曹操，他完全是看橋玄的面子才接見曹操，但他見了曹操卻閉口不言，不願給曹操片語隻字和品評。

曹操情急之下，拔劍威脅許劭。許劭迫於情況，說了十個字：「治世之能臣，亂世之奸雄。」曹操聞言大喜，很滿意的回去。

【原典精華】

汝南許劭，有知人之名。操往見之，問曰：「我何如人？」劭不答。又問，劭曰：「子治世之能臣，亂世之奸雄也。」操聞言大喜。

——《三國演義．第一回》

【你沒讀到的三國】

「治世之能臣，亂世之奸雄」就此成為曹操的蓋棺論定評語，二千多年下來，沒有人對此有不同意見。

於是我們明白，許劭的品人功力是如此高明：他只見了曹操一面，而且是在受到生命威脅的情況下講出這十個字，卻能二千年下來，都被認為非常中肯，沒有人對此提出過異議！

4. 曹操——治世能臣的一面

曹操得到許劭的品評而大喜，可是那個評語是「奸雄」，怎麼會高興呢？

因為古代字少，「奸」這個字不全然是貶意，同時也有計謀、權術的意思。因此「亂世之奸雄」的意思是：在亂世時能夠施展權謀的英雄——也就是橋玄與何顒所謂「安天下的人才」，曹操當然高興，事實上，曹操不愧為「治世之能臣，亂世之奸雄」。

曹操二十歲就被郡縣舉薦為孝廉，到洛陽朝廷擔任郎官（見習官），見習期滿，派任洛陽北都尉，也就是京城的二個警察局長之一。

初上任，他在四個城門口（東漢洛陽城有十二個城門）各擺下五色棒十餘條，凡有人違犯禁令，就用五色棒打屁股。「十常侍」之一的蹇碩的叔叔「提刀夜行」，被曹操巡夜時當場逮捕，隔天當眾打屁股，從此沒有人敢干犯禁令。

之後他一路升遷，擔任頓丘令、議郎。黃巾之亂起，升為騎都尉。因前述破黃巾之功勞，調升濟南國相（漢制郡國並行，國相等同太守）。

濟南國下轄十餘縣，資深官吏大多依附貴戚，同流合污，政風敗壞。曹操到任後，一口氣奏請免除其中八個人的官職，違法亂紀之徒都逃往其他郡、國，濟南國「境內肅然」。可是不久之後，朝廷就有詔令下來，調他擔任東郡（今河南濮陽市）太守。曹操心裡明白，他不見容於宦官集團，東郡在洛陽附近，危機隨時臨頭，於是他稱病辭官，回家鄉避禍。

到此為止，曹操還是「治世之能臣」，然而，隨著朝政日非，治世之臣一個個被宦官陷害，或出局、或下獄，於是「亂世奸雄」乃有了發展空間。

到後來，曹操已經成了「幕府大將軍」，挾天子以令諸侯，他發表〈自明本志令〉說他原本只想為朝廷服務而已，可是在濟南國時，遭到強宗豪族的嫉恨，深恐招來殺身之禍，所以稱病回到家鄉譙縣（今安徽亳縣）。打算秋夏兩季讀書，冬春兩季打獵，規劃二十年後天下太平再出來做官——當時確實是真話，不是詐偽。

【原典精華】

故在濟南，除殘去穢①，以是為強豪所忿，恐致家禍，故以病還鄉里。……欲秋夏讀書，冬春射獵，為二十年規，待天下清乃出仕耳。

——節錄曹操〈自明本志令〉

可是沒多久就受到徵召，到洛陽擔任典軍校尉——直屬皇帝的八支親軍之一的指揮官，乃開始了他的「亂世奸雄」生涯。

①除殘去穢：整飭政風，去除腐敗。

5. 張溫——不殺董卓養虎遺患

討伐黃巾的三路軍隊中，皇甫嵩戰績顯著，他接連擊敗張梁與張寶，並將病死的張角「傳首洛陽」——腦袋送到洛陽示眾。

皇甫嵩擢升為左車騎將軍，兼冀州（今河北）刺史，封槐里侯。但黃巾之亂雖因張角三兄弟的死亡而告平滅，事實上，民變卻已遍及全國。

皇甫嵩被派去討伐涼州（今甘肅南部）變民，中常侍張讓向皇甫嵩索求賄賂五千萬，皇甫嵩拒絕。於是張讓和趙忠向靈帝進讒，說皇甫嵩剿匪無功，徒然浪費公帑，靈帝將皇甫嵩召回洛陽，收繳左車騎將軍印信，削減采邑六千戶。

接替皇甫嵩的是司空張溫。司空也是三公之一，而張溫這個司空也是買來的，中間人正是曹操父親的養父中常侍曹騰。總之，張溫成了左車騎將軍，負責討伐涼州軍事，麾下大將是破虜將軍董卓。

張溫率十餘萬步騎進駐美陽，大破西羌變民軍，變民軍首領邊章、韓遂向榆中敗退。張溫派盪寇將軍周慎率三萬人馬追擊，參軍事孫堅向周慎建議，以一萬奇兵切斷榆中糧道，變民軍缺少糧食就會放棄榆中，退回羌中，涼州即可平定（榆中在甘肅，羌中是青海東北部，叛軍退至青海，甘肅自然平定）。周慎沒接受這個建議，包圍榆中城，反被叛軍切斷糧道，慌忙撤退。

張溫同時命董卓率三萬人攻擊先零（羌人的一支）。董卓被羌、胡聯軍包圍，糧秣吃盡，狼狽撤軍。

張溫召董卓前來大本營，董卓第一時間不應召，等了很久才去。見到張溫態度更倨傲無禮。

孫堅上前，附耳向張溫建議：「董卓張牙舞爪，可以軍法『應召不即時報到』條例，立即斬之。」

張溫說：「董卓在河隴之間素有威名，今天殺了他，西進難得大將。」

孫堅說：「將軍統帥王師，威震天下，哪需要依賴董卓？古來名將都以軍法統領大軍，未有不以決斷誅殺而成功的，將軍如今憐惜董卓不立即處決，傷害統帥威嚴，莫此為甚！」

張溫說：「你先出去，董卓恐怕要起疑心了。」孫堅只好退出。

【原典精華】

孫堅前耳語謂溫曰：「卓不怖罪，而鴟張①大語，宜以召不時至，陳軍法斬之。」

溫曰：「卓素著威名於隴蜀之間，今日殺之，西行無依。」

堅曰：「明公親率王兵，威震天下，何賴於卓？……古之名將，仗鉞臨眾②，未有不斷斬以成功者也。今明公垂意於卓，不即加誅，虧損威刑。於是在矣。」

溫不忍殺之，乃曰：「君且還，卓將疑人。」堅遂出。

——《資治通鑑．漢紀五十》

張溫不會帶兵打仗，更不懂整飭軍法的重要。他這次沒殺董卓，不但種下東漢覆亡的惡因，也為自己帶來殺身之禍，此乃後話，暫且按下不表。

①鴟：音「吃」，貓頭鷹古名「鴟梟」。鴟張：囂張，如貓頭鷹張翅般。
②仗鉞：陳列軍法刑具。臨眾：昭告軍隊。

6. 劉焉——避禍反得割據四川

皇甫嵩被褫奪兵權，而張溫被委以重任，君子道消，小人道長，東漢政權至此已可預見將敗。洛陽城內，明眼人已經開始尋找避禍之地。

太常（部長級，掌祭祀）劉焉是劉氏皇族，歷任縣令、刺史、太守，資歷完整。他看到朝政日非，天下將亂，就向靈帝建議：「四方之所以變民紛起，都是因為州刺史權小威輕，權力不足以禁制邪惡，同時又任用非人，才招致人心叛離，建議把刺史改成州牧，提升等級並遴選重臣出任，方足以鎮住地方。」同時，他私下積極活動，爭取外放交趾牧（交趾亦稱交州，包括今天廣東、廣西及越南北部，州治在今廣州市），遠離中原避禍。

侍中董扶私下對劉焉說：「京師即將動亂，我夜觀天象，益州（今四川）那一塊有天子之氣。」於是劉焉請求前往益州。

【原典精華】

侍中董扶私謂焉曰：「京師將亂，益州分野①有天子氣。」焉聞扶言，意更在益州。」

——《三國志．蜀志．劉二牧傳》

剛好，益州刺史郤儉橫征暴斂，惡名遠揚。於是靈帝任命劉焉為益州牧，同時任命的還有豫州（今河南）牧董琬、幽州（今河北）牧劉虞。從此，州政府地位提升，為後來的割據局面提供了條件。

劉焉還沒到任，益州變民已經殺了郤儉，而官軍又平服了變民，劉焉被益州軍民迎接就任，上任後招撫變民，寬以治民，收攬人心。

劉焉府中有一位婦人經常出入，這名婦人是五斗米道的大姊頭。劉焉利用五斗米道在

①古人認為天地感應，天上星宿分為二十八宿，對應地上二十八個州或國，天上對應的那一塊，稱為該州國的「分野」。

漢中（陝西南部）的勢力，任命婦人的兒子張魯為司馬，鎮守漢中，切斷關中通往四川的交通，殺害朝廷派來的使節，並將罪狀都推給「米賊」，於是割據益州，不受朝廷節制。

【你沒讀到的三國】

五斗米道是東漢張陵所創，信徒每人要捐五斗米，因而得名，張陵帶著徒眾入雲錦山煉「九天神丹」，神丹煉成時，空中有龍虎現形，自此稱為龍虎山（在江西）。張陵傳道給兒子張衡，張衡傳給兒子張魯。張魯後來自稱漢中王，建立政教合一王國，割據漢中達三十年。

張魯死後，兒子張盛重回龍虎山，建立「天師道」。尊張陵為天師，張衡為嗣師、張魯為系師，成為中國道教的起源。

7. 何進——外戚殺宦官

預見動亂的，如劉焉，已經避禍外地。可是洛陽的權力中樞，仍然上演一幕又一幕的權力鬥爭。

漢靈帝劉宏興建超級閱兵臺，臺上建十二層閣樓，高達十丈，然後集結步騎兵數萬人，皇帝親自主持閱兵，戴盔穿甲，騎上戰馬，自稱「無上將軍」。檢閱全軍之後，將佩刀交給大將軍何進。

何進是何皇后的哥哥，這個動作乃令上軍校尉蹇碩大為忌諱。蹇碩是中常侍，也是太監集團掌握禁軍的代表人（西園八校尉之首）。於是中常侍們聯合奏請，派何進西征涼州變民，靈帝批准。

何進當然知道這是宦官的陰謀，他使出拖延之計；奏請派中軍校尉袁紹前往徐州（江蘇北部）、兗州（山東西部）徵集軍隊，等徵集完成，再行出征，漢靈帝也批准所奏。

宦官與大將軍互鬥，漢靈帝雖然看在眼裡，卻已無力阻止，因為他已經病重，不久就駕崩了。

靈帝駕崩，蹇碩立即展開行動，計劃先誅殺何進，再擁立皇子（非太子）劉協登基。太子劉辯是何皇后所生，廢嫡立庶，這是一個排擠何進的政變計劃。

蹇碩派人召何進入宮議事，何進起身前往，在宮外迎接他的是上軍司馬潘隱。潘隱是蹇碩的副手，卻又是何進的好友，他用眼神向何進示意，何進領會，掉轉馬頭，直奔自己直屬的部隊，然後在百郡邸佈防，稱病不入宮。

百郡邸是什麼所在？

東漢的一級地方政府，也就是各郡國，都在洛陽設立賓館，供本郡、本國前來京城洽公的官員住宿與辦公，百郡邸就是地方政府駐京單位集中區，何進在百郡邸佈防，等於拉攏了所有諸侯與地方政府，跟他站在同一陣線。

形勢迅速轉為對何進有利，於是太子劉辯（十四歲）繼位登基，何皇后升級為何太后，太后臨朝，大將軍何進「錄尚書事」，也就是進一步掌握行政權力。

何進網羅袁紹、袁術、何顒、荀攸、鄭泰等人才，密謀盡誅宦官。

蹇碩則意圖聯合宦官，誅殺何進。可是趙忠等中常侍決定犧牲蹇碩，於是由黃門令

（宦官總管）逮捕蹇碩，處死。

宦官集團擔心何進有進一步行動，於是靠向靈帝生母董太皇太后和她的侄子驃騎將軍董重。

董太皇太后仍然想插手政治，但都被媳婦何太后阻止。董太皇太后有一次怒罵何太后：「妳今天能夠如此張狂，還不是仗勢妳哥哥何進！我教董重砍下何進人頭，可是易如反掌！」

【原典精華】

董太后每欲參干政事，何太后輒相禁塞，董后忿恚，詈曰：「汝今輈張①，怙②汝兄耶？吾敕驃騎斷何進頭，如反手耳！」。

——《資治通鑑．漢紀五十一》

①輈：音「周」。輈張：鋪張，此處作「得志」。
②怙：音「戶」，仗恃。

董太皇太后看不起何太后，因為何太后出身貧賤（屠沽之女），可是她忘了「母以子貴」，如今可是媳婦臨朝。

結果，何進找了個莫須有的理由，發兵包圍驃騎將軍府，逮捕董重，免他的職，董重在獄中自殺，董太皇太后則在一個月之後暴斃。演義說董太皇太后是被何進所誅，無論如何，何氏因此而聲望下跌，失去人心。

8. 袁紹——引狼入室

何進一直下不了手誅除宦官，心理因素是重要原因——他出身很低，以往對宦官非常敬畏，驟然擢升到最高權力的地位，除了尚未適應，也害怕因為冒進而失去榮華富貴。

何進最倚重的人是袁紹。袁家累世居高位，從曾祖父袁安以次，到父親袁逢，有五位擔任三公的高官，人稱「四世三公」。袁紹是中軍校尉（禁軍八校尉之一），堂弟袁術是虎賁中郎將，二袁作風豪爽，得到天下豪傑的歸心。

袁紹一再向何進建議：「如今大局盡在掌握之中，正是天賜良機，將軍應該為天下剷除大害，不可錯過時機。」

可是何太后身處禁宮，被宦官包圍，始終不同意將宦官全數誅除，而宦官集團卻有著「生命共同體」意識，因此總有親近何太后的太監出面求情，何進乃遲遲未發動。

何進不敢自己發動誅殺宦官，袁紹再提建議：徵召四方將領率軍入京，以武力向何太后施壓。這是一個超級餿主意，可是何進卻接受了，因此加速了東漢中央政府崩潰。

大將軍主簿（幕僚長）陳琳對何進說：「將軍集天下之權，手握重兵，龍行虎步，想做什麼都可以達成。誅除沒有武力的宦官，就好像用煉鐵的烈火去燒毛髮，應當是快速展開雷霆行動，當機立斷，那可是順天應人的舉措。如今卻想藉助外援，好比倒持兵器，授人以柄。一旦外地大軍齊集洛陽，到時候強者為雄，必定造成大亂！」何進不聽。

典軍校尉曹操聽到消息，失笑說：「宦官這玩意兒，古代就有，問題在人君不應該給他們權力，以至於此。如今既要治他們的罪，只需誅除元凶即可（不必趕盡殺絕），那只是勞動一名司法官的工作。何至於勞師動眾，徵召外兵？想要趕盡殺絕，則消息必然走漏，我已預見他（何進）的失敗！」

【原典精華】

主簿陳琳諫曰：「……今將軍總皇威，握兵要，龍驤龍步，高下在心，此猶鼓洪爐燎毛髮耳。但當速發雷霆，行權立斷，則天下人順之。而反委釋利器，更徵外助，大兵聚會，強者為雄，所謂倒持干戈，授人以柄，功必不成，祇為亂階①耳！」

典軍校尉曹操聞而笑曰：「宦者之官，古今宜有，但世主不當假之權寵，使至於此。既治其罪，當誅元惡，一獄吏足矣，何至紛紛②召外將乎！欲盡誅之，事必宣露，吾見其敗也。」

——《資治通鑑．漢紀五十一》

可是何進仍然採納了袁紹的餿主意，因而引進了一個煞星。

①亂階：為禍亂鋪階梯，意謂創造禍亂條件。
②紛紛：雜亂的樣子。

9. 董卓進洛陽

何進的召集令發出，最感興奮的是董卓。之前董卓隨張溫討伐羌族，在湟中（青海湟水流域）召募了一支軍隊，做為他的私人武力，並成為後來的涼州軍團。朝廷徵召他到中央擔任少府（部長級，掌管物資），他拒絕就任，朝廷又擢升他為冀州（今河北中部）牧，他請求將這支武力帶去冀州。皇帝下詔譴責，他仍抗命不受，反而將軍隊推進到河東（今山西），密切注視洛陽政情變化。

易言之，董卓早就預期洛陽將發生動亂，一直都有準備介入，接到何進的「邀請」，部隊立刻向洛陽前進。跟他同時發動的，還有騎都尉鮑信、東郡太守橋瑁、武猛太守丁原等，他們都以「誅殺宦官」作為號召。

可是，外援還沒到洛陽，何進卻已先丟了腦袋：何進命袁紹部署兵力，預備在外援到達洛陽時發動，何進在部署完成後，進宮向妹妹何太后報告。太監集團在宮內發動，殺了何進，把何進的人頭扔出宮牆，喊說：「何進謀反，已經斬首！」
何進的部下聞訊，由袁術、吳匡等領軍進攻皇宮，天黑了，仍攻不進去。袁術下令縱火，張讓等宦官脅持何太后，皇帝劉辯、皇弟劉協逃往北宮。袁紹攻入北宮，屠殺宦官不分老幼共二千餘人，非宦官的宮廷官員，只要沒有鬍子，也都一律殺死。
兵荒馬亂中，劉辯與劉協一對小兄弟，逃出皇宮，在野外摸黑逃命，隨著螢光胡亂行，天亮後才有高級官員前來護駕。
這時候，董卓的軍隊到了。小皇帝看到大軍，心生恐懼，哭泣不止。
公卿挺身而出，對董卓說：「天子有詔，請你退兵。」
董卓對公卿說：「諸位都是國家棟樑，不能匡正王室，以致皇帝流落至此，還有臉教軍隊撤退！」——那副嘴臉，跟之前他對張溫的嘴臉一般無二。

【原典精華】

帝見卓將兵卒至，恐怖涕泣。群公謂卓曰：「有詔卻兵。」卓曰：「公諸人為國大臣，不能匡正王室，至使國家播蕩，何卻兵之有！」

——《資治通鑑・漢紀五十一》

小皇帝劉辯回到洛陽皇宮，大赦天下，可是傳國玉璽卻找不到了。

鮑信、丁原等軍隊也進入洛陽，他們跟袁紹原本都是何進人脈，於是密謀除掉董卓，卻又畏懼董卓兵力強大。

事實上，董卓帶到洛陽的兵力，步兵騎兵加起來不過三千人。董卓使出一個絕招：每隔四、五天命部隊趁夜悄悄出城，隔天早上再大張旗鼓進城，袁紹等以為涼州軍團不斷進入洛陽，更不敢妄動。

董卓於是掌控了大局。下一步，他要進一步控制皇帝。

10. 漢獻帝劉協

小皇帝劉辯雖然才十四歲，可是上面有一個何太后，何進又留下一堆黨羽，董卓想要控制皇帝，甚至想要踵步王莽，就只有一條路，廢帝立新帝。

董卓在一個群臣議事場合直接找上袁紹（何進餘黨的領袖），說：「天下之主，應該由賢明的人擔任。我覺得劉協不錯，想要立他為帝，你覺得他跟劉辯相比如何？人有的時候小事聰明大事愚笨，但總該曉得事情當為與不當為。如果劉協也不行，那麼，劉姓皇族就不該讓他們留種！」

董卓幾乎是明白表示準備篡奪劉氏天下，而且希望袁紹識時務（知道事情當為與不當為），向他靠攏。只要袁紹表態，其他人就不足慮了。可是袁紹卻不識相，說：「漢家統治天下四百年（西漢加上東漢），恩澤廣被，兆民擁戴。當今天子年紀還輕，並沒有不善之行。將軍想要廢嫡立庶，只怕大家不會同意！」

董卓手按劍柄，大聲叱責：「你是什麼東西，膽敢用這種態度跟我說話！天下事已經在我掌握之中，我想要做的事，誰敢不從！你莫非以為董卓的刀不夠鋒利嗎！」

袁紹也勃然發怒，說：「天下英雄可不是只有你董卓一個！」拔出佩刀，向在座所有人作了一個橫揖（武俠片中常見的動作），昂然而出。

【原典精華】

卓按劍叱紹曰：「豎子敢然！天下之事，豈不在我？我欲為之，誰敢不從！爾謂董卓刀為不利乎！」

紹勃然曰：「天下健者豈惟董公！」引佩刀，橫揖，徑出。

——《資治通鑑・漢紀五十一》

董卓因為自己進入洛陽權力中心不久，而袁紹是世家大族，不願就此與關東世族撕破臉，因此當時沒有下令追殺袁紹。

然而，董卓廢立皇帝的計劃卻因此加速進行，何太后在董卓威脅之下，降詔廢黜劉辯，降封弘農王，改立劉協為帝，是為漢獻帝。

新皇帝即位後，董卓就將何太后遷到永安宮，二天後，用酖酒毒死何太后。漢獻帝擢升董卓為相國，這是自西漢開國，蕭何、曹參之後，就不再有人擔任的職位，以示地位崇隆。同時准許董卓「贊拜不名，入朝不趨，劍履上殿」——向皇帝奏事時，不稱「臣某某」；上朝不必踩小碎步；上殿特准佩劍且不脫鞋（古人席地而坐，入室需脫鞋）。

這是後代權臣篡位必然出現的一個模式，另一個模式是賜九錫。只要這兩個模式出現，該權臣或他的兒子終將篡位。

11. 呂伯奢——坐實奸雄形象

董卓性格殘忍，一旦專政，放言：「我的相貌，尊貴無上！」開始肆意殺戮大臣，更縱兵虜掠洛陽的貴戚之家，人心惶惶。

袁紹逃走之後，董卓第一時間沒追殺他，後來又記仇，下令緝捕。但是在擔心山東（崤山以東）諸侯造反的考慮之下，董卓發表袁紹為勃海太守，袁術為後將軍，曹操為驍騎校尉。

但是董卓的凶暴無法令人安心，袁術首先棄職逃亡，接著曹操也逃離洛陽。董卓知道這兩人必成大患，下令全國通緝。

曹操改名換姓，抄小徑奔向家鄉譙縣。經過中牟（今河南中牟縣）時，被亭長逮捕。中牟縣功曹（掌人事）建議縣令，釋放曹操。這段故事在三國演義小說（以及傳統戲曲）中成為著名的「捉放曹」橋段。

捉放曹之後，是更有名的一段：曹操去拜訪老朋友呂伯奢，卻因為疑心病太重，殺了呂伯奢全家，這段故事有好幾個版本，最精彩的是下面這個腳本。

【原典精華】

（曹操殺了呂伯奢全家之後，在路上遇到呂伯奢，力邀曹操留宿。）操不顧，策馬便行。行不數步，忽拔劍復回，叫伯奢曰：「此來者何人？」伯奢回頭看時，操揮劍砍伯奢於驢下。宮大驚曰：「適纔誤耳，今何為也？」操曰：「伯奢到家，見殺死多人，安肯干休？若率眾來追，必遭其禍矣。」宮曰：「知而故殺，大不義也！」操曰：「寧教我負天下人，休教天下人負我。」

——《三國演義第四回》

最後那二句卻非小說杜撰，白紙黑字記載在晉人孫盛的《雜記》，因此「寧我負人，毋人負我」這八個字，也成為曹操「奸雄」形象的鐵證。

事實上，在此之前，曹操曾經拒絕參加冀州刺史王芬的政變陰謀，又拒絕參加何進、袁紹的誅殺宦官行動，這一次又拒絕董卓的拉攏。由此可以看出，曹操不但看清楚天下將亂，還看清楚王芬、何進、董卓都不會成功——他寧可選擇辛苦但是會成功的道路。

曹操選擇的道路是什麼？

他回到陳留郡（今河南開封一帶），變賣家產，招募勇士，集結了五千人——曹嵩依靠宦官，買到三公高位，想當然斂聚了不少家產，這下子都成了曹操打天下的「第一桶金」。

曹操不是當世唯一有眼光、有野心的英雄，各路諸侯已經各自聚眾，準備起兵討伐董卓。

12. 韓馥讓冀州

關東州郡紛紛起兵，口徑一致「討伐董卓」，可是董卓挾持了天子，討伐董卓形同造反，這當中有一些技術問題必須解決。

解決方案是，大家共推袁紹為盟主，袁紹自稱車騎將軍，各路諸侯則由袁紹「板授」（沒有詔書的任官令）官銜，包括：冀州牧韓馥、豫州（今河南、安徽、江蘇交界一帶）刺史孔伷、兗州（今山東、河南交界的南段一帶）刺史劉岱、陳留太求張邈、廣陵（今江蘇境內江淮之間）太守張邈、東郡太守橋瑁、山陽（今山東境內）太守袁遺、濟北相（濟北是封國，今山東境內）鮑信、後將軍袁術。都在崤山以東，故稱為山東諸侯。聯軍中也包括曹操，但是曹操沒有要袁紹「板授」——再次顯示曹操高於其他諸侯一等，天下已經大亂，有實力就出頭，還在等別人任官，如何超越「別人」？

前述諸侯中，只有韓馥是留守鄴城（今河北邯鄲市臨漳縣），負責後勤供輸。實際上，他當時官位最高（州牧），而且剛開始時，由於他支持袁紹，才讓袁紹成為盟主，後來他卻又嫉妒袁紹，於是暗中減少糧秣供應，想要讓袁紹的部眾因糧秣不繼而離散。

袁紹幕下智囊逢紀提出策略建議：「韓馥是個庸才，我們可以聯絡幽州降虜校尉公孫瓚，鼓動他南下攻擊冀州，韓馥一定驚慌失措。我們再派出口才良好的使節，前往鄴城，向韓馥分析禍福，說服他將冀州牧讓給你。韓馥在強大壓力之下，就會交出政權。」

袁紹接受這個建議，寫信給公孫瓚。公孫瓚正苦無理由南下，接到袁紹來信，正中下懷。於是打起討董卓旗號，大軍卻往鄴城前進（董卓此時已西遷長安，下章再述），意圖明顯。

韓馥出兵阻截，卻被公孫瓚擊敗。於是袁紹派出遊說團前往鄴城，遊說團由荀諶擔任主角。

荀諶對韓馥說：「公孫瓚的幽州兵團都是燕、代戰士，長年駐守北疆（防禦鮮卑），個個身經百戰，我們替將軍擔憂。」

韓馥悚然，問：「那該怎麼辦？」

荀諶說：「閣下自以為，收攬天下英雄豪傑歸心，比袁紹如何？」

韓馥說：「不如。」

荀諶說：「閣下自以為，面對危機時，奇計、決策、智勇過人，比袁紹如何？」

韓馥說：「不如。」

荀諶說：「閣下自以為，數代恩信布天下，家家受惠，比袁紹如何？」

韓馥說：「不如。」

荀諶說：「袁紹是當代人中豪傑，將軍卻以『三不如』的條件，居他上位，這種情況絕對不可能長久，冀州為天下樞紐，若公孫瓚與袁紹聯手，南北夾攻，閣下的危亡，已迫在眉睫。袁紹與閣下是老交情，不如將冀州讓給袁紹，袁紹感戴閣下厚德，公孫瓚也不敢冒犯。如此則閣下擁有讓賢美名，而自身比泰山還要平安。」（「安如泰山」語出此典。）

【原典精華】

諶曰：「君自料寬仁容眾為天下所附，孰與袁氏？」

馥曰：「不如也。」

諶曰：「臨危吐決①，智勇過人，又孰與袁氏？」

馥曰：「不如也。」

諶曰：「世布恩德，天下家受其惠，又孰與袁氏？」

馥曰：「不如也。」

諶曰：「袁氏一時之傑，將軍資三不如之勢，久處其上，彼必不為將軍下也。……是將軍有讓賢之名，而身安於泰山也。」

——《資治通鑑．漢紀五十二》

韓馥聽了這番遊說，決定讓出冀州。可想而知，韓馥的親信個個反對，但韓馥秉性軟弱，又自認為是袁氏故吏，於是將冀州讓給袁紹。

但事實證明，韓馥是引狼入室。袁紹坐上冀州牧的位子，任命朱漢為都官從事（參謀）。朱漢從前受過韓馥羞辱，上任第一道命令，派兵包圍韓馥住處，捉住韓馥的長子，以鐵槌敲斷他的雙足，袁紹聞報，立即逮捕朱漢，登時誅殺。

可是韓馥已經心膽俱裂，請求免一死，袁紹允許他投奔陳留太守張邈。

不久之後，袁紹的使節晉見張邈。韓馥在座，使節對張邈附耳低語，韓馥疑神疑鬼，藉上廁所為名離席，就在廁所中自殺。

①吐：破音字讀作「兔」。吐決：立下決斷（野兔逃生時決斷敏捷）。

13. 鄭泰——董卓搞不定朝廷官員

前章說袁紹謀奪冀州，過程同時間有另一件大事也開始進行，就是董卓挾持漢獻帝遷都關中。

起初是董卓想要全國動員，徵集大軍討伐山東諸侯。

尚書鄭泰說：「施政看仁德，不看武力眾寡。」

董卓沉下臉說：「照你這麼說，軍隊就沒有用了？」董卓是武人，最恨人家說他不懂儒家那一套。而現實是亂世不講仁義、禮儀，拳頭大的人贏，所以鄭泰急忙解釋：「不是這個意思，只是強調，山東那些傢伙，不必勞動大軍。」

鄭泰分析：「閣下生在西州（函谷關以西地區），自年輕就擔任將帥，嫻習軍事。而袁紹不過是個公子哥兒，一生都在洛陽；張邈不過東平郡一個老實書呆子，坐著眼睛都不斜視；孔伷只會清談高論，把死的說活，活的說死。這些人都不是你的對手，他們的軍隊也不是西州軍隊的對手。」

這番話很順董卓的耳，可是東軍的壓力仍然很大，董卓乃興起遷都念頭。也就是將中央政府，從皇帝到百官，全部遷往長安。

由此亦可見，董卓雖有篡位野心，卻並無一統天下的格局，只想回到自己的勢力範圍，關起門當土皇帝，等於割據一方。

然而，洛陽的中央政府百官，當然都不願意搬去長安。司徒楊彪帶頭反對，對董卓說：「天下大事，發動容易，收拾殘局困難，請閣下三思。」

這話又觸了董卓的霉頭，直指董卓是「收拾殘局」才要遷都，因而大為光火，說：「你是在攻擊國家大計嗎？」

太尉董琬為楊彪緩頰：「如此重大決策，楊司徒只是提醒應該慎重而已。」

董卓閉口不言。司空荀爽打圓場：「相國是顧慮山東起兵，非一朝一夕可以敉平，所以打算先遷都，然後部署反攻。固守關中，是秦、漢宰制天下的大戰略啊！」董卓這才息怒。

上述是三公發言，董卓還給點面子。接著有兩位校尉（禁軍將領）伍瓊、周毖堅持反對遷都，董卓大怒，說：「我初入洛陽時，你們兩個勸我任用正人君子，我都採納了。可是那些傢伙卻一個一個起兵背叛我。這可是你們二位出賣我董卓，不是我董卓出賣你們！」下令誅殺伍瓊與周毖。

【原典精華】

卓大怒曰：「卓初入朝，二君勸用善士，故卓相從，而諸君到官，舉兵相圖，此二君賣卓，卓何用相負！」

——《資治通鑑．漢紀五十一》

的確，當初勸董卓不立即殺袁紹，又建議任命袁紹為勃海太守，就是鄭泰、伍瓊與周毖。伍、周二人被殺之後，鄭泰少了兩位牽制董卓的同志，孤掌難鳴。後來謀刺董卓不成，潛逃投奔袁術。

然而，前文鄭泰分析袁紹、張邈、孔伷的論點，仍是中肯之論。由此亦可見，東漢末年的「品人之學」，確實有它一套，三國歷史中不乏高明的品人論述。

14. 曹洪——曹操敗部復活

董卓終於展開遷都行動，同時將洛陽全面摧毀：縱火焚燒皇宮、官廳房舍，當然波及鄰近民宅，京城洛陽成為一片焦土，二百里內雞犬不留。

毀掉京城建築物還不夠，董卓將洛陽所有富豪集中，全數誅殺。並且驅趕全城人民，共數百萬人之多，前往長安。（洛陽到長安，航空距離三百五十公里。）

董卓在幹什麼？他要消滅任何「洛陽再起」的可能，免得他走了，其他人據有洛陽，足以號召跟他對對抗。毀了城市，殺了富豪，逼遷人民，才能徹底消滅一個帝都。

屠殺富豪，當然也沒收了他們的財產。但董卓還不夠，他命令呂布，挖掘東漢歷代皇帝陵寢以及公卿的墳墓，盜取所有珍寶。至於俘虜的山東士兵，則裹以油布，活活燒死。

董卓親自坐鎮洛陽，為遷都行動斷後。而山東諸侯聯軍，一個個都不敢出擊。

曹操向諸侯曉以大義，力陳「董卓焚燒宮室，劫遷天子，四海之內為之憤怒，這正是天亡董卓之時，也是一戰而定天下的大好時機，絕對不可錯失」，可是諸侯沒人理他（每個人都有官銜，曹操沒有，更看輕他是宦官後人）。

於是曹操單獨率軍而西上，追擊董卓，卻在滎陽（今河南滎陽市）被涼州將領徐榮擊敗，士卒死傷甚多。曹操被流箭射中，坐騎受傷。堂弟曹洪將自己的馬讓給曹操，曹操不接受。曹洪說：「天下可以沒有曹洪，不可以沒有曹操。」曹操這才上馬，趁夜遁走。曹洪步行護送曹操一直到汴水，河水深，人馬不能渡，曹洪順著河找到船隻，才跟曹操一同渡過汴水。

【原典精華】

操兵敗，為流矢所中，所乘馬被創①。從弟曹洪以馬與操，操不受。洪曰：「天下可無洪，不可無君。」遂步從到汴水，水深不得渡，洪循水得船，與操俱濟②。

——《資治通鑑．漢紀五十一》與《三國志．魏書．曹洪列傳》

曹操雖敗，徐榮卻為曹操的奮戰精神所懾，不敢進擊聯軍大本營酸棗（故城在今河南延津縣北）。

聚集在酸棗的聯軍人數已達十餘萬人，卻每天置酒高會。曹操回到酸棗，責備大家，並提出他的戰略：袁紹進逼孟津；大軍主力據守成皋，控制敖倉，封鎖轘轅山、太谷口險要；袁術攻丹水、析縣，直入武關……。

各路諸侯完全聽不進去，誰會聽一個敗軍之將的調度呢？何況那些世家大族原本就看不起這個宦官後人。

不久，酸棗糧秣告盡，各軍拔營星散。同時，開始內鬥，相互攻伐。

曹操回到譙縣，之前帶去的五千人已經所剩無幾。這時，曹洪也回到譙縣，而且帶來數千兵馬。原來，曹洪渡過汴水之後，與曹操分手，去到揚州（今江蘇揚州市），說服他的老朋友揚州刺史陳溫，募兵二千人，又在丹陽（今江蘇丹陽市）募兵數千人。於是，曹操有了捲土重來的本錢。

【你沒讀到的三國】

唐朝詩人杜牧〈題烏江亭〉：「勝敗兵家事不期，包羞忍恥是男兒；江東子弟多才俊，捲土重來未可知。」

對於楚霸王項羽「如果回到江東，能不能捲土重來」的爭論，由於是假設性命題，而時空無法倒帶，因此不可能有結論。

然而，若對比曹操這一段故事，或許會得出正向的結論。關鍵在於：項羽有沒有一位能幫他「再募數千勇士」的堂弟。

①被：破音字讀作「披」。被創：受傷。

②濟：渡河。

15. 劉虞——不當傀儡天子

董卓逃回關中，死守函谷關。山東諸侯向西推進，成了「關東諸侯」（函谷關以東），也就是掌握了中原地區。於是想要擁戴一個他們可以控制的皇帝，他們相中的是幽州牧劉虞。

劉虞擔任幽州牧，與百姓共甘苦。身著破衣，腳穿草鞋，每餐不超過一種肉食，寬刑罰、獎農桑，開放上谷與北方民族互市，又開發漁陽的鹽鐵之利，人民歡悅，年歲豐登，物價平穩。當中原戰亂之時，士人與平民逃奔幽州多達百餘萬人。也就是說，幽州成了一個亂世中的太平世界，人們口耳相傳，都稱頌劉虞。他又是劉姓皇族，於是成為諸侯心目中的理想皇帝人選。

可是，諸侯中持反對意見者，卻是袁紹的堂弟袁術。袁紹寫信給袁術，希望他支持擁立劉虞。可是袁術本人有當皇帝的野心，因此拒不同意，還擺出一副忠貞嘴臉教訓袁紹：「聖主（劉協）英明聰慧，眼前被董卓這賊子綁架，只是漢家的一次小小厄運而已，我一片赤心，志在消滅董卓，不知道其他！」

【原典精華】

袁術答袁紹曰：「聖主聰叡，有周成①之質，賊卓因危亂之際，威服百寮②，此乃漢家小厄之會，……，慺慺③赤心，志在滅董，不識其他！」

——《資治通鑑．漢紀五十二》

袁紹並不因此放棄另立天子的念頭，派前樂浪太守張岐為使節，帶著諸侯擁戴文書，前往幽州，奉上皇帝尊號。樂浪郡屬於幽州，張岐是劉虞老部下，可是劉虞不顧老交情，厲色痛斥張岐：「如今天下崩亂，主上蒙塵。我受到重恩而不能雪國恥，諸君守護州郡有責，就該戮力盡心效忠，怎麼反而拿這種叛逆行為來汙染我！」

①周成：周成王。周武王逝世，周公抱著成王當天子。袁術明白反對「擁立劉虞當傀儡天子」，因為小皇帝跟周成王一樣優秀。
②寮：同「僚」。
③慺：音「驢」，同「縷」。慺慺：絲絲。

袁紹等退而求其次，請劉虞「領尚書事」，代表皇帝封爵任官，劉虞仍不接受。逼得急了，劉虞揚言要投奔匈奴，以杜絕這個念頭，袁紹等這才停止。

劉虞的兒子劉和在長安擔任侍中，漢獻帝想要回到洛陽（他不曉得洛陽已成一片焦土），命劉和逃出武關（關中南方最重要關口），請劉虞出兵迎駕。

劉和到了南陽（河南、湖北交界一帶），卻被袁術扣留，宣稱自己將發兵西進，要劉和寫信給劉虞。劉虞接到信，派出數千騎軍隊，前往南陽與袁術會合，出兵關中。

之前出兵幫袁紹（向韓馥施壓）奪了冀州的幽州降虜校尉公孫瓚，識破袁術詭計，極力勸阻劉虞不可中計，但劉虞不聽。

公孫瓚警覺到，劉虞不是一個腦袋清楚的老闆，必然無法久存於當前的叢林法則諸侯之中，而他警告劉虞不可信任袁術，很可能因此得罪了當前最有勢力的二袁。

於是他迅速改變立場，派堂弟公孫越領一千騎兵，一同前往南陽。暗囑公孫越唆使袁術囚禁劉和，並吞併幽州派去的軍隊。

劉和很機警，從南陽逃出，投奔袁紹。可是袁紹也不放他回幽州，留他不放，以之要脅劉虞。

劉虞跟公孫瓚於是結怨，伏下幽州內戰的因子。

16. 公孫瓚——幽州爭奪戰

公孫越到了南陽，被袁術派去配合袁紹部下的豫州刺史周昂一同出戰，那是他第一個任務，也是最後一個——被流箭射死。

公孫瓚勃然大怒，說：「袁紹必須為此負責。」立即出兵，進駐磐河，上書長安，歷數袁紹罪行，然後展開攻擊。冀州有好幾座城背叛袁紹，歸附公孫瓚——袁紹以騙術得到冀州，又逼死韓馥，不得人心。

無論如何，袁紹為此惶懼，將自己的勃海太守印綬（也是他唯一漢獻帝封的官職），交給公孫瓚的另一名堂弟公孫範，任命公孫範為勃海太守，以向公孫瓚示好。公孫範到勃海上任後，立即翻臉，以勃海郡兵力加入公孫瓚集團。

公孫瓚對袁紹開戰，糧秣來源是幽州政府。而劉虞雖然位居幽州牧，掌軍政大權，更得人民敬愛，可是他秉性溫和，無法節制作風跋扈的公孫瓚。前章述及劉虞與公孫瓚結怨，劉虞趁此機會扣公孫瓚糧秣，公孫瓚很火大，愈發不聽劉虞命令。兩人分別向長安政府上表，控訴對方，可是長安政府哪管得到關東，只能和稀泥，敷衍了事。

劉虞數度請公孫瓚到薊縣開會，公孫瓚都稱病不去。劉虞認定公孫瓚遲早會叛變，於是先下手為強，集結十萬大軍進攻公孫瓚大本營所在的一座小城。事出突然，公孫瓚來不及召回外地軍隊，驚恐之下，一度想要鑿破城牆逃走。

可是劉虞不會帶兵打仗，又愛護人民，不准軍隊縱火，下令：「不許多殺，只殺公孫瓚一人。」

【原典精華】

虞兵無部伍，不習戰，又愛民廬舍，敕不聽焚燒，戒軍士曰：「無傷餘人，殺一伯珪①而已。」攻圍不下。

——《資治通鑑．漢紀五十二》

都已經兵戎相見了，還稱對方的字，而不稱名，可見劉虞真是一位有禮貌的君子。而下令不許傷及他人，更足以媲美宋襄公「不重創，不傷二毛」（不殺負傷者，不傷有白髮者）。所謂「對敵人仁慈，就是對自己殘忍」，又一例。

公孫瓚看出整個情況，乃精選精銳戰士數百人，順著風勢縱火，直衝突入劉虞大軍本陣。劉虞軍隊剎時崩潰，劉虞帶著州政府官屬向北逃奔，一直奔到居庸。公孫瓚圍攻居庸城三天，城陷，生擒劉虞與妻子、兒女。

回到薊縣，公孫瓚仍然教劉虞在公文書上署名，看起來幽州還是劉虞當家。直到長安政府來了一位使節段訓，擢升公孫瓚為前將軍。公孫瓚這才向使節指控劉虞跟袁紹通謀，袁紹要擁劉虞為帝，於是段訓以漢獻帝使節名義，斬劉虞與妻子、兒女。

於是幽州成為公孫瓚的地盤，這段期間，他的部下出現了一組英雄人物——三國主角劉關張趙登場了！

①伯珪：公孫瓚字伯珪。

17. 劉備——劉關張趙兄弟幫

公孫瓚竄起之時，一位老同學前來投靠，名字叫劉備。

劉備的祖先可以上溯到西漢景帝的兒子中山靖王劉勝，可是傳到十四代之後，劉備只能跟著寡母織席販履餬口。

劉備相貌不俗：身高七尺五寸（約一七二公分左右），雙臂下垂時能超過膝蓋，而耳朵超大，扭頭可以看見自己耳垂。

雖然家境清貧，劉備卻從小就有大志。自家籬內有一棵桑樹，高五丈餘，樹形如一座車蓋（漢制封侯以上才有車蓋），行人都說「此地必出貴人」。劉備對親族小朋友說：「我將來的車乘，一定要像這棵樹一樣，車蓋上並以羽毛裝飾。」羽葆蓋車，那可是皇帝儀仗。劉備的叔父劉子敬叱責他：「小孩子不要亂講話，那可是滿門抄斬的罪名！」

【原典精華】

先主少時，與宗中小兒於樹下戲，言：「吾必當乘此羽葆蓋車。」叔父子敬謂言：「汝勿妄語，滅吾門也！」

——《三國志・蜀書・先主傳》

劉備十五歲時，母親讓他去洛陽遊學，拜在盧植門下，同學當中就有公孫瓚。公孫瓚威名大噪時，劉備前往投靠。公孫瓚命他隨田楷奪取青州（今山東青州市一帶），成功後，田楷任青州刺史，劉備任平原相（今山東德州市一帶，平原相為縣長級）。劉備任命兩位從小一同長大的哥兒們關羽、張飛為平原國的別部司馬，統領軍隊。

劉備從小就會拉幫結派，而關張二人會幫他「禦侮」，也就是說，劉備是少年幫派的頭腦，關羽、張飛則是肌肉棒子。

三國演義寫「桃園三結義」其實有所本，三國志記載：劉備跟關張二人「寢則同牀，恩若兄弟」。而關張二人在人多場合，總是站在劉備身後，有時站一整天。後來追隨劉備轉戰，也從來不避艱險，歷史上像這樣的君臣關係，絕無僅有。

當時公孫瓚手下還有一位英雄人物趙雲，率領本郡（常山）民兵投奔公孫瓚，常山屬冀州，公孫瓚問趙雲：「為什麼不歸附袁紹？」趙雲說：「天下沸騰，人民痛苦如倒懸。冀州人士盼望的是仁政，而不是輕視袁紹而趨附將軍。」很可能，趙雲屬於前述看不慣袁紹詐取冀州的人士之一。

劉備對趙雲至為欽佩，傾心結交，因此，趙雲也去到平原國，為劉備統領騎兵。

【你沒讀到的三國】

劉備成功靠的是諸葛亮、關羽、張飛、趙雲，是嗎？是，不錯。但若不是寡母自己織草鞋、草蓆為生，還送他去洛陽遊學，劉備哪有往後的機會呢？

劉備去到洛陽，進入當代大儒鄭玄門下，與公孫瓚等人為友。回過頭來看，劉備到洛陽留學，對他後來事業有幫助的，不是學識，而是人脈。

18. 孫堅——英雄不長命

公孫瓚與袁紹結怨，跟袁術結盟，使得二袁之間的矛盾更形表面化。

袁術是袁紹的異母弟，但他是正室所生，袁紹是小妾所生。他倆的父親是袁逢，袁逢的大哥早逝無後，而由袁紹出繼，因而袁紹反而成了袁氏長房家長。可是袁術卻始終不甘位居袁紹之後，對於諸侯多歸附袁紹，氣得大叫：「那些不長眼的白痴！不追隨我，反而去追隨我們袁家的家奴！」甚至在給公孫瓚的信中寫：「袁紹不是袁家的兒子。」袁紹聽說，暴跳如雷。

【原典精華】

豪傑多附於紹，術怒曰：「群豎①不吾從，而從吾家奴乎！」又與公孫瓚書曰：

「紹非袁氏子。」紹聞大怒。

——《資治通鑑．漢紀五十二》

公孫瓚和袁術的同盟，形成幽州與南陽夾擊冀州的形勢。對此，袁紹則與荊州（今湖北與湖南北部）刺史劉表結盟，夾擊袁術。

袁術命破虜將軍孫堅攻擊劉表，劉表命部將黃祖迎戰。孫堅連戰皆捷，黃祖退入峴山，孫堅趁夜追擊，卻在應戰中被流箭射死。

孫堅在張溫大軍回京後，發表長沙（今湖南長沙市）太守，領軍參加討董卓聯軍。董卓遷都長安，孫堅突擊荊州刺史王叡，攻下南陽郡。當時駐紮在魯陽的袁術「上表」任命孫堅為破虜將軍，豫州刺史，自己則併吞南陽。

事實上，當時漢獻帝在董卓挾持之下，「上表」根本是假動作，豫州當時權力真空（董卓的西涼軍團退得太快），孫堅必須自己帶軍隊去占領，袁術則不費一兵一卒，得到了南陽郡。

之前，孫堅勸張溫殺了董卓不成（見第五章），如今有了地盤，乃領軍攻擊董卓，連續擊敗涼州軍團，並斬殺大將華雄，董卓派人請求跟他和親，並列名舉薦孫家子弟擔任刺史、太守。孫堅說：「董卓逆天無道，傾覆王室，今天不夷你三族，昭告四海，我死都不瞑目，豈能跟你和親！」

董卓西向退進函谷關，孫堅乃進入洛陽，修復歷代皇帝陵寢，填平董卓盜墓時挖掘的墓坑。完工之後，回軍駐紮魯陽。

然而，豫州的位置恰在袁紹與袁術之間，又成為袁術抵擋袁紹的棋子，後來又受袁術的差遣，去攻擊劉表而陣亡。簡單說，孫堅在討董卓聯軍中，與曹操是「唯二」英勇奮戰的將領，卻一直被袁術玩弄。

①豎：對人的貶意稱呼，如「豎子」。

19. 劉表據有荊州

相對於孫堅的勇敢善戰卻少心機，劉表則是一號懂得算計的人物。

劉表是世家子弟，外型高大英俊，在洛陽社交圈中很活躍，名列「八交」之一。所謂「八俊」、「八顧」、「八交」等名詞，都是當時士人相互標榜搞出來的。

孫堅擊破荊州刺史王叡，長安政權（董卓挾持漢獻帝）任命劉表為荊州刺史。當時的劉表堪稱有膽識，單人匹馬進入宜城，向南郡地方名人蒯良、蒯越請教，說：「如今荊州遍地變民，袁術又占領南陽（南陽是荊州八郡中最北一部）。我打算徵兵，又怕徵不到，二位有何建議？」

蒯越說：「袁術驕傲卻無謀，本地的宗部變民首領多半貪暴，士卒離心，給他們一點小利就會投降，閣下再誅殺賊首，收編群眾，土匪變成保安軍隊，一州之內都得安居樂業，你的威望和恩德將令人心歸附。一旦軍隊集結，人心歸附，然後南據江陵，北守襄陽，八郡可傳檄而定。那時候，袁術再來，也無能為力了。」

【原典精華】

蒯越曰：「袁術驕而無謀，宗賊帥多貪暴，為下所患，若使人示之以利，必以眾來。使君誅其無道，撫而用之，一州之人有樂存之心，聞君威德，必襁負①而至矣。兵集眾附，南據江陵，北守襄陽，荊州八郡可傳檄而定。公路②雖至，無能為也。」

——《資治通鑑．漢紀五十一》

劉表大為贊同，於是派人引誘變民集團領袖，被騙來的有五十五人，劉表將他們全體誅殺，收編他們的部眾，將郡治由武陵（在長江以南），遷到襄陽（靠近河南），荊州從此成為劉表的地盤。

袁紹結交劉表，袁術命孫堅攻擊劉表，孫堅被流箭射死，袁術乃不再有攻擊劉表的力

①襁負：以布幅束幼兒於背。
①公路：袁術字公路。

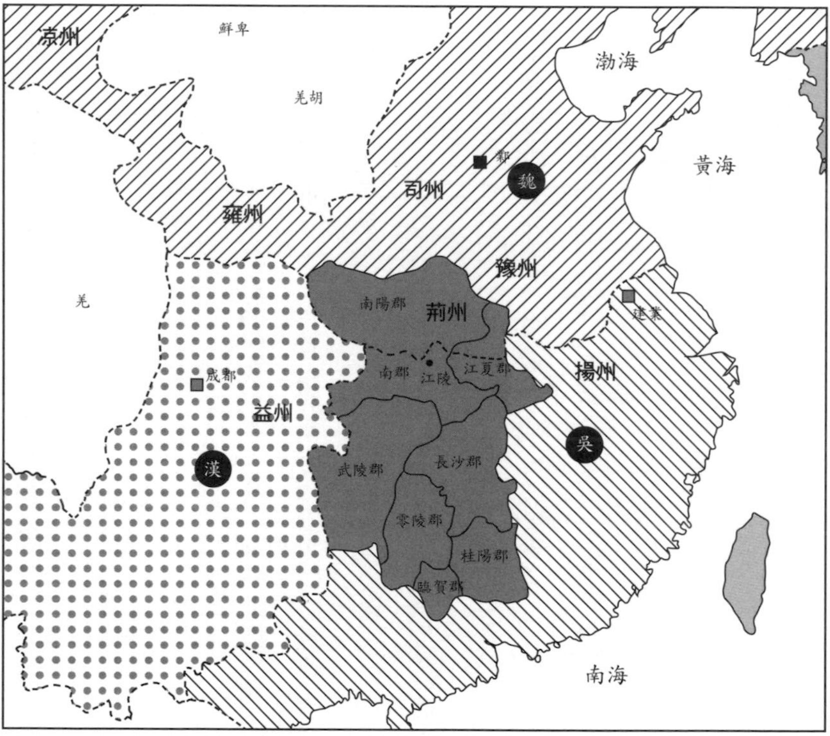

荊州的戰略位置明顯易見

量，而長安政權更順勢任命劉表為荊州牧，拉攏劉表以制衡關東諸侯。

【你沒讀到的三國】

蒯越向劉表提出的戰略，確實了不起，得以讓單人匹馬的劉表，由空頭荊州刺史變成實質荊州王，足堪與諸葛亮的「隆中對」（讓劉備由喪家之犬變成三分天下居其一）相媲美。

荊州位居三國勢力交集的樞紐地帶，赤壁大戰之後，三國就一直都在爭奪荊州。荊州又因緣際會聚集了很多人才，如蒯越、諸葛亮、龐德、徐庶等。

劉表據有荊州，有地利、有人才，卻非但不能爭勝天下，甚至保不住荊州，只能怪自己才具不足矣！

20. 公孫度——割據遼東

與劉表為荊州牧大約同時，遠在遼東的公孫度自封平州（今遼寧）牧，後來並一度成為三國之外唯一的獨立王國。

公孫度的父親公孫延因事（通常是犯了罪）躲避官吏，舉家遷往玄菟郡（今遼寧瀋陽附近）。公孫度在郡政府擔任小吏，卻受到太守公孫域的另眼看待，公孫域的獨子公孫豹十八歲英年早逝，公孫度與之同年，而且乳名就是「豹」。公孫域愛屋及烏，供公孫度讀書，還為他娶妻，更舉薦他任官，一路升到冀州刺史。

董卓部將徐榮（在滎陽痛擊曹操那一位）推薦公孫度為遼東太守。公孫度因為曾在郡政府擔任小吏，到任後，有一些過去的長官不甩他，公孫度嚴厲報復，甚至殺人抄家滅族，以高壓統治鎮懾官吏。

公孫度看到中原諸侯相攻擾攘，就對左右說：「漢朝要亡了，我將與諸君一同建立王國。」

剛巧，公孫度家鄉襄平縣延里的神社出一塊巨石，長一丈有餘，下方還有三隻「腳」。馬屁集團立刻進言：「當年漢宣帝由平民變成皇帝之前，在冠石山出現巨石，下面也有三足，這是同樣的祥瑞出現。而里名『延』剛好是閣下父親之名，神社主官土地，這是閣下將擁有土地的預兆，而且還有三公為輔佐。」擁有土地且三公為輔，那當然是當皇帝囉！

於是公孫度起了雄心壯志，向東討伐高句驪（今朝鮮），向西討伐烏丸（又名烏桓，屬東胡族），分遼東郡為二（增設中遼郡），再攻下東萊郡的幾個縣，然後稱自己的地盤為平州，上表長安政府，漢獻帝（其實是董卓）發表他為平州牧。

中原士人因逃避戰亂而前往平州投靠公孫度，其中一位名叫管寧。

管寧年輕時與華歆是好朋友，曾經一同在菜園裡翻土種菜，鋤頭挖出了一塊金子，管寧將它當做瓦石一般，堆到一旁。華歆看見那塊黃澄澄的東西，撿起來看了看，才又丟棄一旁。當時流行品人，時人以此品評管寧高於華歆。

又一次，兩人同席讀書，門外有達官貴人經過，車仗吆喝聲，引得華歆到門外觀看。回來時，卻見管寧將草蓆割開，說：「你不是我的朋友。」

【原典精華】

管寧、華歆共同園中鋤菜，見地有片金，管揮鋤與瓦石不異，華捉而擲去之。又嘗同席讀書，有乘軒冕①過門者。寧讀書如故，歆廢書出看。寧割席分坐，曰：「子非吾友也。」

——《世說新語・德行》

這就是成語「割席絕交」的典故。

①軒冕：有蓋的車，達官貴人才能乘坐。

21. 程昱——慧眼識曹操

孫堅戰死後，袁術受到劉表牽制，袁紹乃親自領軍與公孫瓚決戰，公孫瓚動員三萬大軍，在界橋（古城遺址在河北邢台市威縣東）南方二十里處，兩軍對上了。

袁紹先遣麴義率精兵八百人迎擊，另在左右側翼埋伏千人強弩部隊。

公孫瓚輕敵，派主力騎兵蹂踐這八百人小部隊。麴義下令全體匐伏於盾牌下面，動也不動。（萬馬奔騰而來，能全軍不動，果然訓練有素。）這時，伏兵萬箭齊發，矢如雨下，騎兵前進之勢頓挫，然後麴義的軍隊起身出擊，殺聲震天，公孫瓚軍大敗，向北撤退。袁紹追擊，公孫瓚在界橋整頓後反撲，再被麴義擊敗。公孫瓚無力再戰，全軍撤回幽州。

在此之前，兗州刺史劉岱一直在袁紹與公孫瓚之間斡旋，希望雙方和平相處。袁紹將妻子、兒女送到昌邑（兗州州治），公孫瓚也派使節出使兗州——劉岱與雙方維持等距。

公孫瓚進兵冀州，連下數城時，要求劉岱交出袁紹的眷屬，同時訓令使節：「若劉岱拒絕，就退出兗州，等我消滅了袁紹。再收拾劉岱。」

劉岱召集參謀開會商討對策，一連數日，不能決意。聽說東郡人程昱素有謀略，就將他請來開會。

程昱說：「袁紹近而公孫瓚遠。如果棄袁紹而靠向公孫瓚，好比兒子溺水而去求越人相救（越人習水性，能救溺），勢不能相及。況且，公孫瓚肯定不是袁紹對手，眼前雖然打敗袁紹，最終要栽在袁紹手中。」劉岱採納。

於是公孫瓚的使節范方撤回，還沒回到大營，公孫瓚已敗。

【原典精華】

岱與官屬議，連日不決，聞東郡程昱有智謀，召而問之。昱曰：「若棄紹近援而求瓚遠助，此假人①於越人以救溺子之說也。夫公孫瓚非袁紹之敵也，今雖壞紹軍，然終紹所禽②。」岱從之。范方將其騎歸，未至而瓚敗。

——《資治通鑑・漢紀五十二》

劉岱有意延聘程昱為騎都尉，程昱以身體狀況不佳而推辭。

後來，山東黃巾賊又作亂，劉岱被變民殺害。曹操擔任兗州牧，徵召程昱出來做官，程昱整理行囊應召，家鄉人問他：「為什麼你之前一直不肯做官，如今卻一反初衷？」程昱笑而不答。

違反初衷嗎？不是的。程昱的品人功力也不差；他看出公孫瓚不是袁紹對手，也看出劉岱不是平天下的材料，但曹操是亂世奸雄。機會來了，他當然順勢把握。

①假：借。假人：求助他人。
②禽：同「擒」。

22. 呂布刺殺董卓

關東群雄因為攻不進函谷關而自相攻伐，使得身居關中的董卓愈發驕橫。

董卓擢升弟弟董旻為左將軍，侄兒董璜為中軍校尉，掌握兵權。董家親族大量湧進政府機關，董卓侍妾懷抱中的嬰兒都封侯爵，他的玩具是——紫綬金印。

董卓本人的車仗、服飾都僭越天子，官員都到太師府報告並接受指示。他又在郿縣（今陝西郿縣）興築塢堡，牆高七丈、厚度也七丈，裡面儲存足供三十年的穀米。常常自言自語：「大事若成，就稱雄天下；不成，守住這裡也足以安渡晚年。」

所謂「大事」，當然是指當皇帝。事實上，他若要在長安演一齣「禪讓」戲碼，絕非難事。但是他根本不敢開關東出，篡位只會激起關東諸侯再次聯軍來攻而已。所以他的喃喃自語，其實是一種心理虛弱的表現。

這種心理虛弱，使得他更為殘忍，動輒殺人。部將與官員稍有差錯，往往現場格殺，使得長安朝廷中，個個都在驚恐中度日。

董卓成為獨夫，只相信一個人：呂布。呂布精於騎射，武藝超群，勇力尤其過人，董卓無論到任何地方，呂布都貼身相隨，誓言情同父子。

可是有一天，董卓為了一件小事，對呂布大發脾氣，順手抄起手戟（小型利刃）擲向呂布。呂布身手矯捷閃過，向董卓道歉，董卓才息怒。從此，呂布心懷怨恨。

另外，呂布跟太師府一名侍婢私通，怕被董卓發現，心裡的緊張、憂懼，一天天加深。（這位史書上無名的侍婢，在三國演義中名叫貂蟬，並且因三國演義流傳甚廣且久，成為中國四大美女之一，身份也成為王允的養女，被王允利用來施行美人計。又，四大美女另外三位是：西施、王昭君、楊貴妃，都是真實人物，只有貂蟬是虛構人物。）

司徒王允探知呂布的憂懼，邀呂布參加行刺董卓的行動。呂布遲疑說：「可是我們有父子之情啊！」王允說：「你姓呂，不姓董，又不是骨肉之親。如今死亡的陰影籠罩，還講什麼父子之情？他向你擲戟的時候，心裡豈有父子之情。」

【原典精華】

允因以誅卓之謀告布，使為內應。布曰：「如父子何？」曰：「君自姓呂，本非骨肉。今憂死不暇，何謂父子？擲戟之時，豈有父子情邪！」

——《資治通鑑．漢紀五十二》

於是呂布加入刺殺董卓集團。有一天，漢獻帝患病痊癒，在未央殿大會群臣。董卓穿著朝服，乘車入宮，沿路警衛森嚴，呂布全副武裝前後巡邏。但是董卓不知道，呂布暗中命令騎都尉李肅領十餘勇士，冒充衛士，埋伏在宮門內。

董卓的車子才進宮門，李肅發動突擊，戟刺董卓前胸。董卓內穿鐵甲，戟不能刺入，滑開，只傷到手臂。

董卓跌下車子，回頭大呼：「呂布何在！」

呂布大聲說：「奉詔誅殺賊臣。」

董卓破口大罵：「狗崽子，膽敢如此！」

罵聲未絕，呂布的戟已經刺進董卓身體（呂布力大，乃能穿甲），命士兵斬下人頭。長安居民為此大喜，在市街上歌舞；婦女賣掉首飾、衣裳、買酒買肉，就在鬧市慶賀，人山人海。郿縣塢堡裡的董家親族，不分老幼都被殺死。董卓的屍體被曝放在市場示眾，肥胖的屍體因天熱而油脂流滿地面，守屍官吏在肚臍眼上插了一支巨大燈芯，點燃，持續燒了一天一夜。

獨夫伏罪，可是接下來的整肅，卻讓程序正義變成了「程序不正義」。

23. 蔡邕——要命的一聲驚嘆

董卓死了，長安城內萬民鼓舞歡欣，可是卻有一個人因為一聲驚嘆而被殺。這個人就是本書最前面提到，校正《熹平石經》的蔡邕。

蔡邕一度受到漢靈帝劉宏的重用，並准許他以「皂囊封上」（上書密封在黑布囊中）。這項特權其實害了蔡邕，因為宦官群因此將無法求證的密告，都算在蔡邕頭上。其結果是，蔡邕第一次被放逐朔方（北方邊塞），得赦後，又被宦官追殺，浪跡江湖十二年。

董卓入京，把持政府，特別徵召蔡邕，蔡邕推辭說生病。董卓派人傳話給他：「告訴他，我有權屠人三族！」蔡邕只好赴洛陽報到。董卓大喜，請他擔任國子監祭酒，相當於唯一一間國立大學的校長。後來一再升遷，曾在三天之內，歷遍「三台」：尚書台（行政）、御史台（監察）、謁者台（外交），最後升任侍中（二千石，得出入宮廷）。

呂布殺了董卓，消息傳到王允的司徒府，蔡邕正好在座，當場為之驚嘆。

王允立刻變臉，厲聲斥責：「董卓是大奸巨賊，漢王室差點就讓他傾覆了。你是國家的高級官員，應該立場一致，同仇敵愾。居然因為他對你的一點私恩，而表示悲痛，難道你跟他是叛逆同黨！」下令逮捕蔡邕，送交廷尉審訊。

蔡邕在獄中寫悔過書，說：「我雖然聽命董卓，可是古今君臣大義卻非常明白，豈可能背叛國家，效忠董卓？如今只求得免一死，甘願受黥首刖足之刑，讓我完成《漢史》。」

【原典精華】

邕謝曰：「身雖不忠，古今大義，耳所厭聞，口所常玩，豈當背國而嚮①卓也！願黥首刖足，繼成漢史。」

——《資治通鑑．漢紀五十二》

①嚮：心向。

蔡邕不提撰史，說不定還死不了，一提撰史，尤其他說願接受肉刑，就是要效法司馬遷，因而愈發堅定王允要殺他的決心。

原來，王允是一位衛道人士，曾經批評《史記》是一部「謗書」。而他指責蔡邕事奉過董卓，心裡卻明白，自己也曾事奉過董卓。所以，王允怕的就是據實記錄的史家。

蔡邕終於不免於死，全力營救的太尉馬日磾私下說：「王允莫非要絕後了嗎？」

24. 王允——李傕、郭汜兵變

如今的長安政權，由王允與呂布共同執政，可是王允視呂布為一介武夫，不但對呂布的政治建議不予重視，甚至對如何處置董卓的涼州軍團，也不聽呂布的意見。

呂布起初建議將董卓的將領斬草除根，王允說：「他們沒有罪，不可。」可是王允擬具了赦免詔令（以漢獻帝名義），卻又下令不要頒布。

既不頒布赦令，王允卻又決定解散涼州軍團。有人警告：「涼州兵擔心生命不保，恐怕後果難料。」王允說：「不對。如果大軍繼續駐屯險要，反而讓關東義軍起疑，而關東義軍是我們的盟友，所以涼州軍團必須解散。」

王允這種思考，證明他完全不了解狀況。關東諸侯當初聯合討伐董卓，就不全然是為了勤王。經過這一段時間的相互征伐，勝利者自己任命官吏，早就不甩長安政權，即使王允開關歡迎關東軍隊，也肯定不是王允的「盟友」。

不過王允並沒有機會為此傷腦筋，因為涼州軍團先造反了。董卓手下大將李傕、郭汜（三國演義中稱郭汜），派人去長安，請求頒布赦免令。王允回答說：「同一年之內，不可以頒布兩次赦令。」不答應。

李傕等西涼將領不知如何是好，有意遣散部隊，各自逃回家鄉。涼州軍團討虜校尉賈詡說：「你們如果拋棄大軍，單獨行動，則一個亭長就能收拾你了。不如團結一致，向西進攻長安，為董公（董卓）報仇。大事若成，則挾天子以號令天下；若不成功，再逃命不遲！」

於是涼州將領相互結盟，聚集數千軍隊，日夜行軍，向長安前進。

而王允的對策卻是：火上加油！

他召來二位有聲望的涼州豪族胡文才與楊整脩，不假以辭色的對他們說：「那些鼠輩想幹什麼？你去叫他們解散軍隊，來長安商量！」胡、楊二人悶聲不吭退出，前往見到李傕、郭汜等，鼓動他們加速進軍。

【原典精華】

王允以胡文才、楊整脩皆涼州大人①，召使東，解釋之，不假借以溫言，謂曰：「關東鼠子，欲何為邪？卿往呼之！」於是二人往，實召兵而還。

——《資治通鑑．漢紀五十二》

李傕等一路號召失散的涼州士兵，到達長安時，已經有十餘萬人眾。呂布手下的四川軍團叛變，打開城門，呂布不敵，率領數百騎兵突圍，逃出長安。

涼州軍團挾持漢獻帝，殺了王允與其他大臣。長安政權現在由李傕、郭汜當家，涼州將領全都封侯。

①大人：地方豪族。

25. 毛玠——奉天子以令不臣

關中發生巨變的同時，曹操在關東群雄中異軍突起。

曹操當時是東郡太守，東郡屬兗州，由於天下大亂，民不聊生，變民又起，再打起黃巾旗號。而兗州刺史劉岱率軍平亂，卻被黃巾擊敗，身亡。

兗州群龍無首，東郡一位游士（縱橫家）陳宮前往昌邑遊說別駕、治中（郡太守的高級幕僚），請曹操來主持兗州。一向賞識曹操的濟北國相鮑信大敲邊鼓附和，於是曹操成了兗州刺史。

曹操清剿黃巾變民，起初並不順利，可是他能在失敗中汲取教訓，並且善用奇兵計謀，終於一步步將黃巾收剿。最後，三十萬武裝變民（連同眷屬超過百萬）都歸附曹操，曹操遴選精銳，稱之為青州兵。

曹操聘陳留同鄉毛玠為治中從事，毛玠向曹操提出一個超級策略：「當今天下分崩離析，皇帝流離播遷，人民百業全廢，政府沒有一年存糧，人民沒有安居之志。只有仁義之師才能取勝，只有財源豐高才能聚人。我們應該尊奉天子以貶抑『不臣』的諸侯，同時獎勵農耕以積存糧草。如此則霸業可成。」

【原典精華】

玠言於操曰：「今天下分崩，乘輿①播蕩，生民廢業，饑饉流亡，公家無經歲之儲，百姓無安居之志，難以持久。夫兵義者勝，守位以財，宜奉天子以令不臣②，修耕植以畜③軍資。如此則霸王之業可成也。」

——《資治通鑑．漢紀五十二》

①輿：皇帝車仗。乘輿：指皇帝。
②不臣：不效忠朝廷的逆臣。
③畜：音義同「蓄」。

這是曹操後來「挾天子以令諸侯」大戰略的嚆矢。當群雄割據，相互攻伐之時，有一個人跳出來尊奉天子，就能立即取得道德上的制高點。事實上，這是春秋時齊桓公「尊王攘夷」的變化型。

聰明如曹操，當然一聽就懂。立即派出使節前往關中，表達向皇帝效忠之意。關中當時是李傕、郭汜當家，他們雖不相信曹操的誠意，可是他們卻不能阻止任何人尊奉天子，只能以同樣厚重的禮物回報曹操——這又是「道德制高點」發揮的作用。

接著，曹操將軍隊由山東向中原移動。這時，原本據守南陽的袁術，在孫堅陣亡後，擋不住劉表的壓力，於是向東移動。

曹操與袁術在封丘（在今河南新鄉縣）對上了，曹操一再擊敗袁術，袁術一退再退，退到了淮河流域，以壽春（遺址在今江蘇壽縣）為根據地，自封揚州牧。

可是曹操的西進腳步卻因為一項變故而亂了步驟——他的父親曹嵩橫死。

26. 陶謙——曹操報父仇

曹操命泰山太守應劭去琅邪（今山東臨沂市）接父親曹嵩到兗州就養。曹嵩當年能用千金買到太尉官位，宦囊飽滿，太尉任上，當然更加努力「撈本」。這一次搬場，單單載運金銀綢緞珍寶的車子，就有一百餘輛。

如此招搖的車隊，在經過陰平時，被徐州（今江蘇徐州市）牧陶謙的部下盯上，一路追蹤，選擇適當地點，發動突襲，殺了曹嵩和幼子曹德。

陶謙原本官位是徐州刺史，他和曹操一樣，派人去長安向漢獻帝劉協表態效忠。漢獻帝下詔（其實是李傕下詔），擢升陶謙為徐州牧。

可是陶謙和曹操不一樣，他尊奉天子換得州牧之後，並沒有進一步逐鹿天下的積極作為。雖然他是個好官，徐州在他治下一派昇平，糧倉充實，家給富足，四方流民都前往投奔。可是這種好官在亂世卻不是英雄，甚至守不住地盤。

當代品人權威許劭，也就是說曹操「治世之能臣，亂世之奸雄」那一位，當時因避難定居廣陵。陶謙對他至為禮遇，可是許劭對門人說：「陶謙外貌忠厚，只不過是沽名釣譽。他現在待我雖厚，只怕不能持久。」於是離開徐州。不久之後，陶謙果然逮捕流亡人士，世人遂佩服許劭的先見之明。

【原典精華】

許劭避地廣陵，謙禮之甚厚，劭告其徒曰：「陶恭祖①外慕聲名，內非真正，待吾雖厚，其勢必薄。」遂去之。後謙果捕諸寓士②，人乃服其先識。

——《資治通鑑．漢紀五十二》

許劭確實有識人之明，可是他卻不是有能力盱衡時勢、提出方略的人才。他這種人才在陶謙的手下是沒有用的，因為陶謙並沒有雄心壯志，也就沒有選拔人才的需求。那麼他就不能怪陶謙只有「假客氣」。

無論如何，陶謙在徐州的治績，使得徐州成為一塊肥肉，且因為陶謙不是英雄，反而使得荊州這塊肥肉更引人覬覦，遲早會引來外兵侵犯。如今，手下劫殺曹嵩，當然就引來曹操的攻打。

曹操自東郡發兵，攻向徐州，連下十餘城。曹操殺紅了眼，將無辜的百姓，不分男女老幼，數十萬人都驅趕到泗水，全部坑殺，泗水為之不流。

陶謙的部隊退守郯縣（今山東郯城縣北），由於曹軍殘暴，軍民一心，死守縣城，曹操久攻不下，只好撤退。回軍途中，又屠三城，雞犬不留，沿途城邑看不到一個行人。

①恭祖：陶謙字恭祖。
②寓：寄居。寓士：指因戰亂客居徐州的知識份子。

27. 張邈叛曹迎呂布

曹操回到大本營鄄城（今山東甄城縣），命荀彧、程昱留守，自己親率大軍，再對陶謙發動攻擊，所過之處，都作徹底破壞。

上一次，由於曹軍殘暴，人民與守軍合力防禦。如果陶謙是一個英雄人物，人民會甘願團結在他的旗幟之下，但陶謙不是。因此當曹操大軍再來，作風如前殘暴，徐州人民選擇逃命，而非抵抗。

陶謙一敗再敗，請來的援軍田楷與劉備也被擊敗，陶謙震恐，打算逃回老家丹陽。

就在這個時候，曹操後方發生叛變。當初將他推上兗州刺史的陳宮，鼓動他的至友陳留太守張邈，背叛曹操，迎接呂布，曹操只好撤退。

張邈好俠仗義，跟袁紹、曹操都是朋友。袁紹擔任關東盟主時，張邈曾經義正詞嚴的責備袁紹態度驕傲。袁紹是個聞過則怒的人，命令曹操殺了張邈，曹操說：「孟卓（張邈字）是我倆的至友，縱有過失也應予包容。如今天下未定，怎麼可以自相殘殺？」

曹操任兗州刺史，張邈為陳留太守（陳留是曹操最初起兵之地）。曹操第一次出征陶謙，報父仇心切，不作生還打算，對家人說：「我如果不能生還，你們就去投靠孟卓。」

【原典精華】

操之前攻陶謙，志在必死，敕家曰：「我若不還，往依孟卓。」後還見邈，垂泣相對。

——《資治通鑑．漢紀五十三》

如此生死相許的朋友，卻因陳宮一席話而起異心，令人費解。三國演義寫陳宮因曹操說出「寧我負人，毋人負我」而背棄曹操，雖是小說硬牽拖，但也只有陳宮遊說張邈，才具有說服力，因為陳宮曾經有恩於曹操。

至於呂布，在退出長安之後，先後投奔袁術、袁紹與河內太守張楊，都是因為他驕傲橫暴而無法與人合作。

陳宮對曹操起了異心，卻選擇了呂布，其識人之明是有問題的，但張邈是性情中人，對呂布十分傾心，認為他武藝超群，是個英雄人物，因而接受了陳宮的遊說。

呂布到達東郡，張邈派人對留守鄄城的荀彧說：「呂布前來助曹公作戰，請準備糧秣。」荀彧是曹操帳下首席智囊，曹操曾稱許他是「吾之子房」——張良字子房（後代很多開國君主都有一位「吾之子房」）。荀彧研判呂布來意不善，張邈可能叛變，乃下令全城動員，嚴密戒備。

東郡太守夏侯惇由濮陽率軍進入鄄城協防，當天深夜，逮捕參與張邈、陳宮陰謀的叛徒，誅殺數十人，穩住形勢。

28. 典韋——曹操僥倖逃命

荀彧與夏侯惇死守鄄城，呂布一時攻不下，將部隊向西撤退，駐屯濮陽。程昱則穩住范縣（今河南濮陽市范縣）、東阿（今山東聊城市東阿縣），擋住陳宮軍隊，並維持曹操大軍回防鄄城的路線。

曹操回到兗州，雖然地盤只剩鄄、范、東阿三城，可是他分析：「呂布在短時間內拿下一個州（兗州），不曉得據守東平，切斷亢父、泰山要道，占據險要以截擊我的歸路，反而屯駐濮陽（富饒之地），可見他不懂兵法，不可能有大作為。」即刻部署反攻。

曹操對呂布一支軍隊發動夜襲，得手。還來不及撤退，呂布已經親率援兵殺到。這一戰，從清晨殺到黃昏，決鬥數十回合，呂布越戰越勇。曹操見難以抵擋，召募敢死隊發動衝鋒，以挫敵人銳氣，敢死隊由司馬典韋率領。

呂布軍隊弓弩齊發，箭如雨下。典韋正眼都不瞧 下，吩咐左右：「敵人距十步時告訴我。」

左右說：「敵人已經十步了。」

典韋仍不動作說：「五步時再告訴我。」

敵人逼近，敢死隊員承受極大壓力，急喊：「敵人來啦！」

典韋手持鐵戟，大吼一聲躍起，殺入敵陣，擋者應手而倒，這才讓呂布的軍隊稍稍後撤。這時，暮色漸垂，曹操趁機脫離戰場。擢升典韋為都尉，統領近身侍衛數百名，日夜保護曹操大帳。

【原典精華】

司馬典韋將應募者進當之，布弓弩亂發，矢至如雨，韋不視，謂等人曰：「虜來十步，乃白①之。」等人曰：「十步矣。」又曰：「五步乃白。」等人懼，疾言「虜至矣！」韋持戟大呼而起，所抵無不應手倒者，布眾退。會日暮，操乃得引去。拜韋都尉，令常將親兵數百人，繞大帳左右。

——《資治通鑑·漢紀五十三》

曹操又攻濮陽，被呂布擊敗，曹操在亂軍中被呂布手下騎兵逮到，可是那傢伙不認識曹操，問：「曹操在哪裡？」

曹操用手亂指，說：「那個騎黃色馬逃走的就是。」騎兵追趕上去，曹操乃得逃脫。

雙方在兗州境內互有勝負。袁紹派人來勸曹操將家小遷往冀州州治鄴城，曹操有些心動。可是程昱力勸：「將軍自認能居袁紹之下嗎？以將軍的能力，難道要蹈韓信、彭越的覆轍嗎？如今兗州還有三城，戰士不下萬人，仍大有可為。」曹操這才停止。

原本曹操是因為兗州生變而停止攻打徐州。如今曹操與呂布在兗州相持不下，徐州的陶謙卻反而撐不住了。那又是怎麼一回事？

①白：告知。

29. 糜竺——陶謙讓徐州

曹操撤回兗州，陶謙為之鬆了一口氣。可是這口氣才一鬆，卻從此「緊」不上來，因為他病了，而且病得很重。陶謙有兩個兒子，可是知子莫若父，他心裡明白，兩個兒子不可能在這個叢林法則的亂世中守住徐州。與其兵敗被滅族，不如找一個英雄人物來守徐州。

在此之前，當曹操第一次攻打徐州時，陶謙向青州刺史田楷（公孫瓚任命）求援，田楷知道劉備在平原集結了數千人武力，就要劉備同去。到了徐州，劉備向陶謙輸誠，陶謙撥四千人軍隊給他，合為一萬人。劉備乃從公孫瓚集團「跳槽」到了陶謙集團。陶謙「表」（形式上得上表朝廷）劉備為豫州刺史，駐紮小沛（今江蘇徐州市沛縣），協防徐州。

當陶謙病重，對別駕（州政府的行政官）糜竺說：「眼前除了劉備，沒有人能保護本州平安。」

陶謙病逝，糜竺率領徐州官員及仕紳，前往小沛，迎接劉備。

劉備對徐州各界領袖表示不敢當，說：「袁術駐在壽春，距離徐州很近，各位可以請他來領導徐州。」

典農校尉陳登說：「袁術為人驕傲，作風奢侈，不是治理亂世的領袖人物。我們如今可是獻上步騎兵超過十萬人，閣下可以此輔佐君主，拯救人民，為什麼反而拒絕呢？」

北海國相孔融對劉備說：「袁術豈是會為國家操心而忘掉自己身家的人？他根本就是墳墓裡的一副枯骨，不值得介意。今天的情形，是徐州百姓選擇賢能，上天賜與的，如果不接受，將來後悔也來不及了。」劉備這才接受。

【原典精華】

北海相孔融謂備曰：「袁公路豈憂國忘家者邪！冢①中枯骨，何足介意！今日之事，百姓與能；天與不取，悔不可追。」備遂領徐州。

——《資治通鑑．漢紀五十三》

①冢：同「塚」，墳墓。

糜竺祖上世代經商，家中僮僕賓客上萬人，資產以億計。在漢朝重農抑商政策之下，商人子弟不可能入仕。可是在天下分崩的亂世，有錢才能募兵、聚集人才，因此陶謙延攬他為別駕。

糜竺從此追隨劉備，並且將妹妹嫁給劉備，陪嫁奴僕二千人，供輸金銀貨幣，幫助劉備養軍隊。在諸葛亮出山之前，糜竺是劉備最重要的幕僚。

30. 孫策——父子都受袁術耍弄

劉備領有徐州，沒給袁術拿去，而袁術仍然只能藉著家世顯赫撐住場面。之前在南陽，靠孫堅幫他打仗，輾轉到了壽春，靠的還是姓孫的。

孫堅戰死，長子孫策才十七歲，奉迎老爹回故鄉安葬後，定居江都，廣交天下英豪。

袁術原本將孫堅的舊部交給孫賁（孫策的堂兄），孫策到壽春晉見袁術，向他輸誠，表達接收老爹舊部的意願。

袁術對眼前這個英氣煥發的少年大感驚奇，卻不肯交給他孫堅的軍隊，推辭說：「我教你舅父吳景當丹陽太守，你堂兄孫賁當丹陽都尉，丹陽一向以出產精兵聞名，你可以就地招募軍隊。」

孫策靠著舅舅，招募到數百兵眾，卻遭當地土豪部曲襲擊，差點沒命。於是再去見袁術，袁術才撥給他一千餘人（孫堅舊部有數千人）。

孫策日益壯大，袁術答應任命他為九江太守，可是後來食言，改派陳紀。陶謙死了，劉備領有徐州。袁術想要攻打徐州，向廬江（今安徽合肥市廬江縣）太守陸康索取米糧三萬斛，陸康拒絕。

袁術大怒，命孫策攻擊陸康，再度承諾：「之前錯用了陳紀，始終感到遺憾。這次若能逐走陸康，廬江太守就真是你的了。」孫策出兵，攻下舒縣（廬江郡治），可是袁術再次食言，任命自己的老部下劉勳為太守——孫策再次落空。

【原典精華】

術初許以策為九江太守，已而更用陳紀。後術欲攻徐州，從廬江太守陸康求米三萬斛，康不與。術大怒，遣策攻康，謂曰：「前錯用陳紀，每恨本意不遂，今若得康，廬江真卿有也。」策攻康，拔之，術復用其故吏劉勳為太守，策益失望。

——《資治通鑑・漢紀五十三》

袁術在壽春的主要對手是揚州刺史劉繇，雙方互有勝負，相持數年。孫策知道，自己在袁術手下，永遠出不了頭，恐將步老爹孫堅後塵。於是向袁術主動請纓，領軍平定江東。

袁術同意，可是只撥給他一千餘人軍隊，馬數十匹。孫策接受，而願意追隨他的賓客卻有數百人，邊走邊招募軍隊，到達歷陽時，已經有五、六千軍隊，自此開展在江東的基業。

31. 呂範——孫策威震江東

孫策渡過長江南下，一路輾轉作戰，但戰無不勝。到後來，地方官吏聽說「孫郎」兵到，多有棄城逃走者。那一年，孫策二十一歲，年輕英俊，因此江東人士呼他孫郎。

至於孫策戰無不勝的最重要因素：軍紀嚴明。在那個兵荒馬亂的年代，「賊來如梳，兵來如剃」，搜刮一空。可是孫策嚴格管束軍隊，一條狗、一隻雞、甚至一棵青菜都不許侵犯，人民歡迎孫郎軍隊，競相以牛肉和美酒勞軍。

依柏楊的說法，這是《資治通鑑》第一次有關軍紀嚴明的記載——自戰國時代以下，五、六百年的第一次。加上孫策本人是位魅力型領袖：英姿煥發，言談幽默、性格豁達，能接受意見，又知人善任。所以包括士人與平民，都願意為他盡心，甚至效死。

孫策最重要的一戰，是打敗揚州刺史劉繇，劉繇被江東地方武力推為盟主，卻不堪孫策第一擊，撤退到丹徒（今江蘇鎮江市內）。而孫策則進入劉繇大本營曲阿（今江蘇丹陽市內），接收所有糧秣與裝備，劉繇舊部一概不咎既往。不想再當兵的，絕不勉強；願意當兵的，全家只取一人，卻免除全家差役賦稅。如此大氣作風，在十天之內，集結二萬餘人軍隊，威震江東。

孫策的部將呂範主動請命：「將軍的事業一天比一天更加開展，部眾一天比一天壯盛，可是新組成的部隊綱紀尚未能整飭，我願暫時擔任軍法總監，幫助將軍整飭軍紀。」

孫策說：「你已經是將軍級，指揮龐大的戰鬥隊伍，且曾建立大功勞，怎麼可以委屈你擔任那種低階職務呢？」

呂範說：「不然。我離鄉背井投效在將軍麾下，可不是為了妻子兒女，而是要救國救民。當前的情勢，大軍猶如同舟涉海，一個環節失誤，全體都會一同遭殃。所以，我來負責軍紀，不僅僅是為了將軍，也是為自己打算啊！」

【原典精華】

範曰：「不然。今捨本土而托將軍者，非為妻子也，欲濟世務也。譬猶同舟涉海，一事不牢，即俱受其敗。此亦範計，非但將軍也。」

——《資治通鑑，漢紀五十三》

孫策說不過他，無話可答。呂範辭出後，脫下高級將領衣服，改穿戰鬥人員制服，手執皮鞭到軍法處就任。孫策於是正式任命，授權他整肅軍紀。

孫策在曲阿又得到一位人才：張昭，對他執師友之禮（古制師、友都是老師的稱呼），並說：「從前管仲擔任齊國宰相，齊恒公稱他『仲父』，大小事都由他取決，終於稱霸諸侯。如今子布（張昭字）賢能，我也大小事都交給他處理，所有功名不也都歸於我嗎？」

孫策在江東打開一個局面，遠離關東亂戰之局，是後來東吳能「天下鼎足居其一」的重要關鍵。

在此同時，關中政權也發生了劇烈變化。

32. 李傕、郭汜——關中諸將內戰

王允被殺以後的長安朝廷，由涼州軍團三將領：李傕、郭汜、樊稠把持，而三將相互矜誇，衝突隨時發生。

董卓死的那一年，三輔（大長安地區）居民還有數十萬戶。經過二年的軍閥統治，軍紀敗壞，百姓遭殃，再加上旱災饑饉，「人民相食」！

盤據隴右（甘肅南部）的變民領袖馬騰、韓遂在董卓掌權時被收編，馬騰與韓遂接到「密詔」（其實是某些官員偽造），要他們出兵誅殺李傕，於是起兵攻打長安。長安政權由樊稠領兵對抗。

李傕的侄兒李利作戰不賣力，被樊稠訓斥說：「人們都要砍你叔父的人頭，你還仗什麼勢？難道以為我不敢殺你？」

之後，兩軍交戰，韓遂敗退，樊稠追擊。韓遂派人去對樊稠說：「我倆並無私仇，且誼屬同鄉（都是涼州人），請准許見一次面，從此告辭。」於是兩人撤去衛士，匹馬上前，肩臂相接，交談許久，始行辭別。

韓遂這一招是離間之計，但樊稠未警覺。而李利當然不會放過如此大好機會，回去就向李傕報告，「兩人馬頭相交，不知道談話內容，但情意濃密」。於是李傕邀請樊稠出席軍事會議，就在會議上，伏兵狙殺樊稠。

這下子，郭汜的疑慮大為提高。而郭汜經常去李傕家飲酒，有時還留宿，郭汜的妻子懷疑郭汜有「小三」，於是心生一計。

一次，李傕贈送美食給郭汜，郭汜的妻子在裡面加入豆豉，還挑出來給郭汜看，說：「一個木架上尚且容不下兩隻公雞，我真不明白，你怎麼那麼信任李傕？」

又一次，郭汜從李傕家飲宴回來，肚子感覺絞痛，郭妻灌他大量糞汁，讓他嘔出胃中食物（以為有毒藥）。於是郭汜集結軍隊，攻擊李傕，涼州軍團開始內戰。

【原典精華】

傕數設酒請郭汜，或留汜止宿。汜妻恐汜愛傕婢妾，思有以間之。會傕送饋，妻以豉為藥，摘以示汜曰：「一棲不兩雄，我固疑將軍信李公也。」他日傕復請汜，飲大醉，汜疑其有毒，絞糞汁飲之，於是各治兵相攻矣。

——《資治通鑑，漢紀五十三》

兵連禍結，人民倒楣。漢獻帝派宮廷官員尚書，侍中等從中調解，可是雙方都不接受。郭汜陰謀劫持皇帝到他的軍營，可是李傕先動手，派出三輛車，將漢獻帝「迎」出皇宮，百官們只能徒步追隨。

皇帝才出宮，軍隊就進入皇宮劫掠，然後縱火，政府官舍全都化為灰燼。

33. 張濟、段煨、張楊——流浪天子回洛陽

李傕、郭汜在長安相互攻擊，一連數月，殺人超過一萬，引來另一位涼州軍團將領，鎮守弘農（今河南靈寶市）的張濟率軍進入長安，說是來調解李、郭衝突，真正目的則是將皇帝「迎」往弘農。而漢獻帝劉協也思念洛陽（其實洛陽城已是一片焦土，只不過，劉協在長安城卻度日如年），乃配合張濟，派高官調解李、郭。

李傕、郭汜雙方實力都受損，終於答應，相互交換女兒當人質，並同意皇帝東還。於是張濟與郭汜的軍隊護送天子出長安，御駕才過護城河橋，官兵齊呼「萬歲」，以為脫離李傕魔爪了，其實他們的噩夢才剛要開始。

首先是郭汜改變主意，企圖將天子護送到高陵（郭汜的大本營），軍閥與高官爭吵數日不決，搞到皇帝劉協絕食，郭汜才妥協。

可是郭汜的部將卻自作主張，縱火，想要趁亂劫持皇帝西還，劉協避往楊奉（原本

是變民軍領袖，如今是禁軍將領）軍營，且戰且走，到達華陰（位處陝西、山西、河南交界）。

華陰守將段煨早已準備好皇帝及三公等高官的各種器用與糧食，表達希望皇帝進駐他的軍營。可是隨行軍隊的首領一口咬定段煨打算謀反，主張攻擊段煨。皇帝劉協堅持不肯下詔出兵，並認定段煨不會謀反，但楊奉等仍然出兵攻擊段煨，雙方打了十餘日，皆無進展，而段煨在戰鬥期間仍供應皇家及百官飲食無缺。

這時，李傕、郭汜才發現自己愚不可及，竟然讓皇帝脫離掌握，於是出兵「迎接」皇帝西還，與張濟結盟，幫助段煨擊潰「雜牌禁軍」。包括虎賁羽林等番號，總數不滿百人。

李傕、郭汜的軍隊，包圍御駕隊伍，鼓噪呼叫，皇帝劉協率同三公，尚書等官員，徒步衝出，賴幾名勇士一路血戰，鮮血濺到伏皇后的衣服。一行突圍衝到黃河，堤高十丈，派人用綢緞背起劉協下堤，其他人匍匐爬行下堤。奔到河邊，眾人爭先恐後搶上船，董承、李樂操起戈矛阻止，船中砍斷的手指頭，多到可以用手捧起來。一條船上只容得下皇帝、皇后及另外數十人，其他上不了船的宮女、官兵，都被追兵掠奪，衣服被剝下，因此凍死者不計其數（當時是農曆十二月）。

【原典精華】

河岸高十餘丈，不得下，乃以絹為輦，使人居前負帝，餘皆匍匐而下，或從上自投，冠幘皆壞。既至河邊，士卒爭赴舟，董承、李樂以戈擊之，手指於舟中可掬①。……其不得渡者，皆為官兵掠奪，衣服俱盡，髮亦被截②，凍死者不可勝計。

——《資治通鑑，漢紀五十三》

渡過黃河，才算脫離了涼州軍閥的控制。這時，朝廷正式派任的河內太守張楊，派了數千軍隊前來「進貢」，皇帝劉協乃能乘坐牛車前往安邑（今山西夏縣）。安邑是河東郡治，於是河東太守王邑與河內太守張楊都封侯，開府儀同三司（官屬與排場比照三公），而各路軍馬將領都一一封官，刻印都來不及，索性用鐵椎來刻劃。

最終，劉協在張楊護送之下，抵達洛陽。

宮殿與辦公區都已是一片焦土，皇帝住進僅存的南宮，文武官員只能靠著斷垣殘壁居住，中下級官員還得到野外採摘野菜果腹，情況狼狽。

①掬：音「局」。雙手捧起。

②截：斬斷，用法如「截肢」。

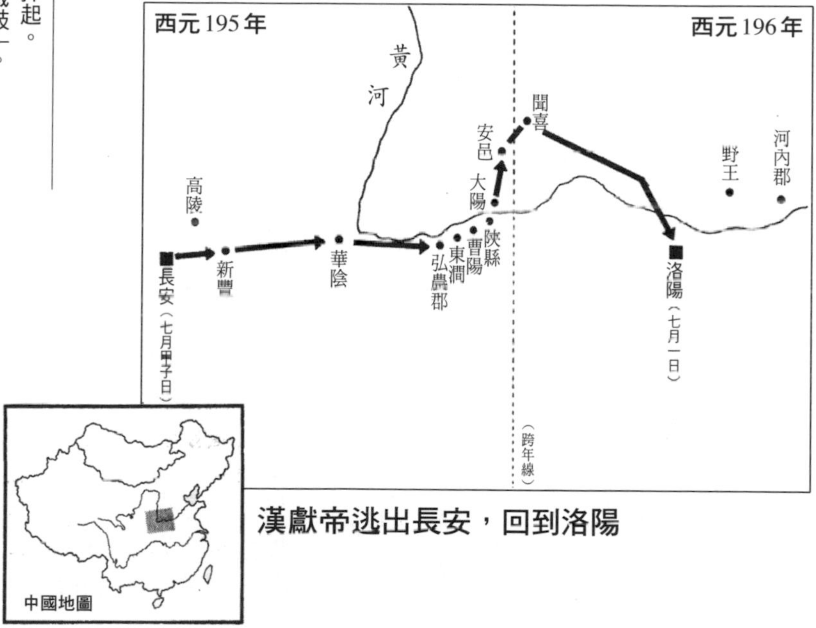

漢獻帝逃出長安，回到洛陽

34. 沮授——袁紹放棄大好機會

連地方小軍閥都起意「迎天子」了，可是之前的諸侯盟主袁紹卻仍「執迷不悟」。

袁紹的智囊沮授向他建議：「將軍的家族累世擔任國家重臣，如今皇帝流離失所，各地州郡雖然打著忠義旗號，實際上都在幹相互吞併的事情，沒有人真正憂國恤民。我們冀州已經初步穩定，兵強馬壯，如果西向迎接天子，遷都鄴城，挾天子而令諸侯，討伐不服從朝廷的傢伙，誰能抵擋？」

可是袁紹的另外二個智囊郭圖、淳于瓊卻反對這個意見，說：「漢王室已經衰落很久，想要振興，談何容易？況且，當今英雄並起，各據一方，擁有萬人以上部眾者比比皆是，這正是所謂『秦失其鹿，先得者王』。如今如果迎接天子來到自己的地盤，一舉一動都要得到批准。聽他的，不免削弱自己的權力；不聽他的，反而變成抗命；那可不是善策！」

沮授說：「現在迎接皇帝，在大義上是得到正當性，在時間上正是契機。如果不早做決斷，恐怕被別人佔先了。」

【原典精華】

沮授說袁紹：「今州域粗①定，兵強士附，西迎大駕，即宮鄴都。挾天子而令諸侯，畜士馬以討不庭②，誰能禦之！」

郭圖、淳于瓊曰：「漢室陵遲③，為日久矣，今欲興之，不亦難乎？……所謂『秦失其鹿，先得者王』，今迎天子自近，動輒表聞，從之則權輕，違之則拒命，非計之善者也！」

授曰：「今迎朝廷，於義為得，於時為宜，若不早定，必有先之者矣！」

——《資治通鑑．漢紀五十三》

①粗：大致。
②不庭：不效忠朝廷。
③陵：同「凌」。凌遲：以罪刑名稱形容東漢被割據的過程，相當貼切。

袁紹只不過沒聽沮授的，袁術卻認為，自己終於等到機會了。

【你沒讀到的三國】

袁紹不是聽不進「挾天子以令諸侯」，畢竟他比異母弟袁術一心想自以當皇帝高明得多，也曾想要擁劉虞為帝，好與長安朝廷相抗。他聽不進去的原因之一，是當初董卓要廢掉皇帝劉辯（漢靈帝的太子繼位），另立劉協時，袁紹曾經拔劍跟董卓互嗆（事見第十章）。因此袁紹對漢獻帝一直有心結，不願承認這個皇帝。

袁紹是士家大族，以上所述是士家子弟好面子的通病。可是袁紹始終沒採納沮授的「挾天子以令諸侯」大戰略，另外一個重要原因是有郭圖、淳于瓊這種智囊：老闆若當皇帝，自己起碼是尚書；迎來天子，則那些沒用的官僚就占去了尚書的位子，自己只能當「別駕」。這種幕僚，考慮自己的官祿，比考慮老闆前途更多，而袁紹始終沒想通這一點。

35. 袁術——稱帝自我感覺良好

袁紹連奉迎天子都不願意，袁術則是想自己當皇帝，想瘋了，因此將讖書上一句「代漢者當塗高」硬套到自己頭上：袁術字公路，術和塗都有「方法」的意思；塗同途，路也是途。

漢朝的主流思想是五行，而袁姓的祖先上溯舜。帝舜的代表色是黃色，漢朝的代表色是紅色。而五行「火生土」，正是黃色取代紅色。

如此一番複雜且牽強的邏輯，其實只說明了，袁術一腦門子想當皇帝，已經無可救藥。當初孫堅第一個打進洛陽城，在宮中井裡撈到傳國玉璽（漢獻帝逃出宮，回來時已找不到），一直留著。袁術一再欺負，支使，甚至欺騙孫堅、孫策父子，雖聽說孫堅藏了玉璽，但並未強取。

等到漢獻帝劉協逃出長安，流離失所，隨時可能喪命。袁術認為他的時機到了，乃強迫孫堅的妻子、孫策的母親交出傳國玉璽。然後召集部屬，商議稱帝要用什麼尊號。全場沒有人敢答話，主簿閻象說：「閣下雖然累世顯要，可是漢室並無從前商紂王那樣的暴政（尚未到滅亡的時候）。」袁術聞言不爽，可是卻沒辦法。

幕僚不支持，袁術改找術士幫忙。起先重金延聘當時一位隱士張範，張範不接受，教弟弟張承去。袁術對張承說：「我的土地廣大，軍隊眾多，想要比擬齊桓公，追隨漢高祖，先生認為如何？」張承說：「得天下在於恩德，不在於武力強大。如果一意孤行，會被天下人唾棄。」

終於，袁術找到一個願意配合他的術士張炯，拿出一卷「符命」：表示應天受命的文書，於是稱帝，帝國名為「仲家」。

孫策在袁術稱帝前夕，寫信給袁術，信上說：「以董卓之凶暴，欺上凌下，權力大到沒有人能節制，甚至廢黜皇帝，另立新君。他都不敢自己坐上龍椅，如此仍然令天下人痛恨他。你怎麼會起念效法他，而做出更為嚴重的事情呢？……時下人們迷信圖讖，隨便一個江湖術士將不相干的文句拼湊起來，只為了拍老闆馬屁，而不考慮成敗。自古至今，最慎重的事情（稱帝），閣下豈不應該三思而行？」

【原典精華】

孫策聞之，與術書曰：「……且董卓貪淫驕陵，志無紀極，至於廢主自興，亦猶未也，而天下同心疾之，況效尤而甚焉者乎！……時人多惑圖緯之言，妄牽非類①之文，苟以悅主為美，不顧成敗之計。古今所慎，可不孰慮！……」

——《資治通鑑・漢紀五十三》

袁術當然沒聽他的，但是對於一向被自己玩弄於股掌之上的孫策，居然表態反對他，甚感沮喪。事實上，孫策那時候已經在江東站穩腳步，也看出袁術已經鬼迷心竅，於是自此不甩袁術了。

①非類：不相干。

36. 董昭——曹操迎天子到許昌

袁紹放棄了「挾天子以令諸侯」的建議，才輪到了曹操。

曹操當時駐軍許縣（今河南許昌市），與呂布、袁紹等還在糾纏，可是他眼光準確，認為奉迎天子是當前最佳戰略。幕僚雖有不少反對意見，可是主要智囊荀彧極力支持，於是派曹洪率軍西上。

董承等不願讓皇帝落入曹操之手，議郎董昭偽造曹操私函，給禁軍將領中人脈最簡單的楊奉，表達合作之意。楊奉認為曹操可以做為他的外援，大喜，與諸將聯名推薦曹操為鎮東將軍，承襲從前曹嵩的費亭侯爵位。

曹操軍隊於是進入洛陽，並被任命為司隸校尉錄尚書事，等於掌握了中央行政與首都治安的大權。

曹操請董昭並肩而坐，向他請教下一步該怎麼走。

董昭說：「京師當下各路人馬組成複雜，不可能聽你之命行事，你留在洛陽，有太多難以克服的困難，唯一的方法是請皇帝移駕許縣。問題是，皇帝經過那麼長的一段流離（時間一年，距離千里），才剛回到舊京，各方都期待安定，徙駕恐怕不符當前人心。然而，要想成就非常事業，必須採取非常行動，請將軍考量什麼才是最大利益。」

【原典精華】

操引董昭並坐，問曰：「今孤來此，當施何計？」昭曰：「……此下諸將，人殊意異，未必服從，今留匡弼①，事勢不便，惟有移駕幸②許耳！然朝廷播越③，新還舊京，遠近跂望④，冀一朝獲安，今復徙駕，不厭⑤眾心。夫行非常之事，乃有非常之功，願將軍算其多者。」

——《資治通鑑．漢紀五十四》

①匡弼：輔佐重任。
②幸：皇帝到臨稱「幸」。
③播：遷徙。越：穿越。播越：長途遷徙。
④跂：音「其」。跂望：企望。
⑤不厭：不合。

曹操其實心裡想的就是這個，既然董昭英雄所見略同，於是請教實際行動該如何。董昭教曹操，先答謝楊奉之前的盛意，同時以京師缺糧，建議請皇帝暫時移駕魯陽（今河南魯山縣），方便許縣輸送糧食。

楊奉是個鐵頭細腦的角色，收了曹操的厚禮，也同意曹操的建議，於是，漢獻帝車駕又出了洛陽。

才走到半途，曹操已「奉詔」擢升為大將軍，而許縣也開始興建皇室宗廟與社稷等。楊奉這才發現不對，出兵截擊皇帝車駕。這都在曹操算計之內，楊奉遭到伏擊，大敗，向東南投奔袁術。

37. 郭嘉——高級人才棄袁紹投曹操

漢獻帝下詔給冀州牧袁紹，責備他擁有廣大轄區，卻只顧建立私人地盤，沒有任何勤王之舉。這是曹操「挾天子以令諸侯」，對袁紹射出的第一箭。

當時袁紹任命兒子袁譚為青州（山東）刺史，袁熙為幽州（河北北部）刺史，外甥高幹為并州（山西）刺史。這道詔命說中了要害，袁紹急忙上書自責，只敢婉轉的自圓其說。

第二箭接著發出：漢獻帝下詔任命袁紹為太尉，封鄴侯。

太尉是三公之一，袁紹自父親以上，四世五公，他是第五世、第六公。可是袁紹對此大為光火，因為太尉掌軍事，而曹操的官銜是大將軍，地位在他之上。如果詔命袁紹為司徒或司空，就沒這一層考量，所以，這又是曹操精心設計的一「箭」。

袁紹上書拒絕接受任命，曹操不想此時跟袁紹攤牌，於是上書請求，把大將軍職位讓給袁紹。最後折衷解決，詔命曹操為司空，代理車騎將軍——曹、袁平行了，但中央政府的兵權仍在曹操掌控中。

其實，職銜在那時候已無意義，袁紹也不可能到許都（皇帝駕幸後，許縣改名許昌，因成為國都，故稱許都）就任太尉，而曹操更大的「收穫」，則是來了兩位超級人才，荀攸與郭嘉。

荀攸是荀彧的侄兒，曹操聘他為軍師，等同參謀長。相對之下，郭嘉的意義更大，因為他來自袁紹陣營。

袁紹對郭嘉相當禮遇，可是郭嘉發現，袁紹表面上禮賢下士，卻不知道如何用，也就是「知而不能（任）用，用而不能行（只聽不做）」，於是改投曹操。

曹操接見郭嘉，跟他談論天下大勢，大喜過望，說：「助我完成大業的，就是此人。」郭嘉辭出後，也大喜過望的說：「真是英明領袖啊！」

【原典精華】

彧薦嘉，召見，論天下事。太祖曰：「使孤成大業者，必此人也。」嘉出，亦喜曰：「真吾主也。」

——《三國志・魏書十四・郭嘉》

郭嘉對生活細節不甚檢點，好幾次被尚書僕射陳群指責，而曹操對陳群與郭嘉都同樣尊重。

郭嘉早死，後來曹操在赤壁之戰鎩羽而歸，嘆氣說：「如果郭奉孝（郭嘉字）還在，絕不會讓我遭受這場失敗！」

38. 孔融——丟掉北海，曹操收容

跟曹操禮賢下士作風相反的，是北海相孔融，也就是懂得「讓梨」的那個神童。

孔融十歲時隨父親孔宙到了洛陽。當時司隸校尉李膺是士人領袖，得他一句稱讚，立即身價百倍，時稱「登龍門」，因而李府每天門庭若市。但若非有名望人士，或至親好友，門房是不給通報的。

十歲的孔融到了李膺府上，對門房說：「我是李府君的親戚。」於是門房為他通報。

李膺出來見客，問孔融：「你是我哪一門的親戚啊？」

孔融答：「從前，我的祖先仲尼（孔子字）向閣下的祖先伯陽（老子李耳的字）求學問禮，有師生之誼，所以我們是累世通家之好。」

李膺與在場賓客都為之讚嘆。過一會兒，來了一位賓客陳煒，有人跟他說，有這麼一個聰敏的小孩，有那麼一番對話。

陳煒說：「小時了了，大未必佳。」

孔融聽了，立即接口頂了回去：「閣下小時候想必非常『了了』吧？」陳煒登時對眼前這個小孩另眼看待。

【原典精華】

太中大夫陳煒後至，人以其語語之。煒曰：「小時了了，大未必佳。」文舉曰：「想君小時，必當了了」。煒大踖踧①。

——《世說新語．言語》

孔融在當世確實才高名高，可是處於亂世，卻不是一個守得住地盤的角色。他不會帶兵打仗，只會禮賢下士，北海國一時有鄭玄、左承祖、劉義遜等名士集合，孔融對他們待若上賓。

①踖：音「及」。踧：音「促」。踖踧：恭謹小心的樣子。

北海郡處於袁紹、曹操、公孫瓚的勢力之間，兵力薄弱、糧食不足，卻又不跟任一方結盟。左承祖建議孔融，選定一個強大的勢力，作為依靠。孔融非但不聽，反而翻臉將左承祖處死，嚇得劉義遜逃往他處。

袁紹的兒子袁譚，被老爹任命為青州刺史，但青州另有一位公孫瓚任命的刺史田楷。袁譚擊敗田楷，將他趕回幽州，然後攻擊北海。北海部隊連戰連敗，只剩數百人，情勢緊張時，孔融仍能倚案讀書，態度從容。但他並不是胸有成竹，甚至稱不得臨危不亂，而是自我感覺良好。

終於，北海城破，孔融逃入東山，妻子、兒子被袁譚俘虜。最後，還是曹操收容了孔融，徵召他到中央做官。

39. 袁渙——呂布轅門射戟

投奔曹操的還有一位，劉備。

劉備接下陶謙的徐州牧，沒過幾天好日子，他收容了流離的呂布，卻「飼老鼠咬布袋」，被呂布搶走了徐州，自己屈身小沛。

一心想要稱帝的袁術，看中徐州是一塊肥肉，使出一計，向呂布提親，自己的兒子娶呂布的女兒。呂布答應了，袁術於是派出大將紀靈，率步騎三萬大軍，攻擊劉備。

劉備向呂布求救，將領們對呂布說：「將軍一直想要除掉劉備，現在正好借袁術之手。」

呂布說：「不然。袁術如果擊破劉備，他得了小沛之後，再聯合徐州北邊的幾個小軍閥，我們豈不陷入包圍圈中？所以，不能不救劉備。」

呂布率領一支千人部隊，駐軍小沛城西南，派出使節邀請紀靈，紀靈正好也派人來邀呂布，呂布遂前往紀靈大營，同時邀劉備赴宴協商。

酒過三巡，呂布對紀靈說：「劉備是我兄弟，他有難，我不能袖手旁觀。但我天性不喜歡戰鬥，只喜歡排解紛爭。」於是命人在大營轅門之前，豎插一支戟，說：「各位請看我箭射戟頭小支（戟有二支槍尖，一大一小）。如果射中，就請你們兩方和解；如果不中，任憑你們廝殺。」

呂布彎弓搭箭，一箭射出，正中戟頭小支。紀靈與諸將大驚，說：「將軍真是神準！」隔天再舉行盛宴，然後各自班師。

可是，呂布不是要救劉備，而是自己想要奪取小沛。於是在紀靈撤軍之後，親自率軍突襲小沛，劉備不敵，只好逃往許昌，投奔曹操。曹操撥給劉備一支武力，並供應糧秣，命劉備前往小沛一帶，收拾被擊潰的殘兵，伺機對抗呂布。

呂布命一位劉備的徐州老幹部袁渙，代擬一封信詬罵劉備，袁渙拒絕。呂布再三逼迫，袁渙終不屈服。呂布暴怒，拔出佩劍，架到袁渙的脖子上，說：「寫，就活；不寫，就死。」

袁渙面色不變，笑著回答：「只有高品德才能令人感到羞辱，沒聽說罵人可以羞辱人。劉備如果是個君子，他會不恥你的詬罵，如果他是個小人，他會寫信回罵，如此則受辱的是你，而不是他。況且，我過去為劉備服務，猶如今天為將軍服務。如果我一旦離開這裡，難道也替別人寫信，詬罵將軍？」呂布慚愧而止。

【原典精華】

布大怒，以兵①脅渙曰：「為之則生，不為則死。」渙顏色不變，笑而應之曰：「渙聞，唯德可以辱人，不聞以罵！使彼固君子邪，且不恥將軍之言；彼誠小人邪，將復將軍之意②，則辱在此而不在彼。且渙他日之事劉將軍，猶今日之事將軍也，如一旦去此，復罵將軍，可乎？」

——《資治通鑑．漢紀五十四》

①兵：兵器。
②復：回。意指「回罵」。

40. 禰衡擊鼓罵曹

曹操當時因實施屯田政策成功，轄區內所有州郡的倉庫全滿。其他軍閥的地盤，則因為一切支援軍事，都沒有一年以上的糧食庫存。例如：袁紹在河北，士兵缺糧，居然得採食野外桑葚為生；袁術在淮南，士兵到溝洫中揀田螺吃。因此，知識份子都往許昌集中，曹操陣營人才濟濟。

但仍有人看不起曹操，最著名的一位是禰衡。

禰衡是個目中無人的角色。洛陽毀於戰火時，他避居荊州。許昌繁榮富庶，人才薈聚，他乃前往許昌。可是他貶抑幾乎所有士人，只看得起兩位：「老的孔融，小的楊修，其他都不夠看。」孔融前章已述，楊修與袁紹相同「四世三公」，簡單說，禰衡看的還是門第。當然，他看不起宦官後代的曹操。

孔融向曹操推薦禰衡，曹操答應任他官職，可是禰衡卻一再拒絕。曹操火了，發表禰衡為鼓吏，並且在大宴百官時，要禰衡當眾擊鼓助興。

禰衡這次坦然出場，在百官面前，徐徐脫下衣服，甚至脫了內褲（兜襠布），然後從容擊鼓，完畢後，穿上衣褲，揚長而去。

曹操在眾人面前，仍力持鎮定，笑著說：「本來想羞辱他的，卻反而羞辱了自己。」可是散場之後，曹操對孔融說：「禰衡這小子，我殺他就好像殺一隻麻雀、一隻老鼠一樣，可是這傢伙有點虛名，若殺他，會讓天下人認為我沒有容人之量。」

【原典精華】

操怒，謂融曰：「禰衡豎子，孤殺之，猶雀鼠耳！顧此人素有虛名，遠近將謂孤不能容之。」

——《資治通鑑・漢紀五十四》

於是將禰衡送回荊州，荊州牧劉表對禰衡待若上賓，可是禰衡老是諷刺、貶抑劉表的左右。於是劉表的左右，模倣禰衡的語氣，表演給劉表聽：「劉將軍仁民愛物，即使古時候的周文王也不過如此。可是他缺乏決斷力，將來不能成大事業，必定是由於這個缺點。」事實上，這番話禰衡並沒有說過。

問題在於，這個評語正好說中劉表的缺點，劉表為之動怒，可是他也夠聰明，不自己殺禰衡，而將他送去江夏（今武漢市武昌區）太守黃祖那裡。

黃祖對這位長官交下來的人才，相當禮遇。可是禰衡個性不改，而黃祖個性急躁，終於有一次，禰衡在大庭廣眾之下出言不遜，黃祖就殺了禰衡。

41. 張繡——曹操宛城大挫

劉表性格上的優點是仁民愛物，缺點是優柔寡斷。仁民愛物使得他治理荊州成功，優柔寡斷則令曹操認為有機可乘。

曹操想要動荊州的腦筋，得先拿下宛城（今河南南陽市內），宛城當時是一個小軍閥張繡的地盤。

張繡的叔叔是涼州將領之一的張濟，涼州諸將相互攻伐，張濟帶領嫡系部隊，向南進入荊州，中流箭陣亡，張繡就接收了叔叔的部隊。

曹操大軍往荊州而來，張繡決定依附曹操，於是獻出宛城。

曹操進入宛城受降，又擔心自身安全，回到城外大營，卻帶走了一位美女。問題是，這位美女是張濟的妻子、張繡的嬸嬸，令張繡大為憤怒。

同時，曹操又致送厚禮給張繡的勇將胡車兒，令張繡心中產生狐疑。羞辱感與狐疑心交織之下，張繡向曹操大營發動奇襲，曹操的長子曹昂陣亡，曹操本人中流箭受傷，在少數騎兵保護之下逃走。

曹操入宛城受降之時，身旁緊隨的是典韋，拿著一把大斧。曹操走到哪一個人面前，典韋就高舉斧頭，瞋目怒視，包括張繡在內，宛城諸將都莫敢仰視。

在張繡及諸將眼中，那是狐假虎威，是仗勢凌人。因此，在偷襲曹營時，對典韋分外眼紅。典韋呢，他對曹操忠心耿耿，因此也刻意吸引敵人攻擊他。

張繡軍隊將典韋團團圍住，典韋手持雙戟應戰。他這一雙長戟在曹軍中非常出名，軍中流傳一句順口溜「帳下壯士有典君，提一雙戟八十斤」。這時候，長戟左右擊出，每一出招，都要摧折十餘敵人長矛。

終於，典韋的左右死傷殆盡，他自己身上也有數十創傷，長戟也斷了，典韋雙手挾兩名敵人應戰，張繡軍乃不敢向前。直到傷重流血過多，典韋瞋目大罵而死。這時候，敵人才敢向前，割下他的腦袋，傳送各軍營示眾。

【原典精華】

韋好持大双戟，軍中為之語曰：「帳下壯士有韋君，提一双戟八十斤。」……韋以長戟左右擊之，一叉入，輒十餘矛摧。左右死傷者略盡，韋被數十創……。双挾兩賊擊殺之，餘賊不敢前，……創重發，瞋目大罵而死。賊乃敢前，取其頭，傳觀之。

——《三國志・魏志・典韋列傳》

張繡打走了曹操，但不敢留在宛城，於是投靠荊州劉表，駐軍穰城（今河南鄧縣）。

42. 陳登——呂布飼老鼠咬布袋

袁術在淮南收容了長安來的殘餘軍閥楊奉、韓暹等，兵馬人數眾多，自認為實力天下無敵，於是稱帝，國號為「仲家」。同時派使節通知自封徐州牧的呂布，順便迎娶呂布的女兒。

呂布的謀士陳珪提出警告：「曹操迎天子以輔朝廷，將軍應該跟曹操合作。若反而跟袁術結盟，恐怕會招來不忠不義的惡名！」這番話勾起了呂布的舊恨：之前呂布逃出關中時，曾先後投奔袁術與袁紹，卻都受到排擠。聽了陳珪的諫言，派兵追回女兒，並將袁術的使節送去許都，曹操將之斬首示眾。

曹操刻意拉攏呂布，一方面由漢獻帝下詔，封呂布為左將軍，一方面以自己名義致私函給呂布，措辭情意深厚。呂布大喜，派陳珪的兒子陳登為使節，前往許都謝恩。

陳登見了曹操，說：「呂布有勇無謀，既沒有原則，又沒有立場，應該早日對他下手。」

曹操說：「呂布狼子野心，可是你且不要急，等待機會。」提高陳珪的俸祿為中二千石（地位僅次於三公），任命陳登為廣陵（今江蘇揚州市）太守，臨別更拉住陳登的手，說：「東方的事，就交託給你了。」要陳珪私下集結部眾，作為內應。

陳登回徐州覆命，呂布問：「要求朝廷正式任命我為徐州牧的事情怎麼樣？」陳登無以回答，呂布大怒，拔起他的戟，猛砍桌几，說：「你們父子一個加俸、一個升官，卻出賣我！」

陳登神色不變，徐徐回答：「我見到曹操，對他說：『對待呂將軍好比養老虎，必須大量供應肉食，如果吃不飽肉，老虎可是要吃人的。』曹操對我說：『你錯了。養呂布就像飼獵鷹，必須讓他維持飢餓，才能發揮能力，如果餵他吃得太飽，就會飛得無影無蹤。』他就是這麼說的。」呂布這才氣消。

【原典精華】

布怒，拔戟砍几曰：「今吾所求無獲，而卿父子並顯重，但為卿所賣耳！」登不為動容，徐對之曰：「登見曹公言『養將軍譬如養虎，當飽其肉，不飽則將噬人。』公曰：『不如卿言。譬如養鷹，飢則為用，飽則颺①去。』其言如此。」布意乃解。

——《資治通鑑．漢紀五十四》

【你沒讀到的三國】

我們受三國演義貂蟬的影響，心目中的呂布是個英俊小生，傳統戲劇裡也是如此。然而，呂布事實上是個有勇無謀的角色，而且是極端的「有勇」，加上極端的「無謀」。

本章同時看到曹操的亂世奸雄本事：他一方面吃定了呂布，跟陳登套好招，三言兩語就搞定了呂布。而呂也真好誆——鷹和虎的差別到底在哪裡？為什麼說他「是鷹不是虎」就不生氣了！

無論如何，曹操用這一招穩住了東面，由呂布幫他對付袁術，更在呂布陣營中布下了內線陳登。

然後他要專心對付西面了，他還想要報宛城大敗的仇。

①颺：音「洋」，飛翔。

43. 賈詡——曹操棄宛救許

曹操親率大軍，將張繡圍困在穰城。而袁紹的智囊田豐向袁紹建議，這是最佳機會，偷襲許都，將天子迎回甄城，袁紹再次不接受這個建議。

可是在前線的曹操卻收到了這個情報，立即撤軍回許昌——對他而言，保住漢獻帝比報張繡之仇，優先性高太多了。

張繡見曹操撤軍，立即率軍尾追，同時通知荊州牧劉表出兵夾擊。曹軍在安眾（今河南鄧縣東北）被荊州兵截住，陷入腹背受敵的危險情勢。但曹操其實胸有成竹，他是故意安排在那裡「被截擊」的。

安眾東面有山，山裡有一條荒廢了的獵戶使用的山徑，地勢險惡。曹操派人開鑿那條險道，讓張劉聯軍以為曹軍要行險逃走。但事實上是曹操派出伏兵，迂迴張繡軍後方，然後以主力反撲，張繡後退時遭遇伏擊，於是大敗，劉表軍隊見情勢逆轉，隨即撤回荊州。

之前張繡追擊曹操時，智囊賈詡說：「不可追擊，追擊必敗。」張繡不聽，果然大敗而回。

此時賈詡登上城樓，對率軍回城的張繡說：「現在可以追擊了，必勝。」

張繡說：「先前不聽你的話，落敗而回。如今已敗回，怎麼反叫我去追擊？」

賈詡說：「戰場上形勢變化無常，請立即行動。」

張繡收拾殘兵敗將，回頭再追擊，果然得勝。回來問賈詡：「我以精兵追擊，你說必敗；我以敗兵追擊已勝的敵軍，你說必勝。完全都在你意料之中，原因何在？」

賈詡說：「曹操包圍我們，未敗卻急著撤退，一定是許都發生變故。曹操善於用兵，必定率精兵親自斷後，所以知道將軍必敗。既然已經獲勝，荊州兵也撤回，曹操必定以輕騎快速趕回許都，因此知道必勝。」

【原典精華】

繡之追操也，賈詡止之曰：「不可追也，追必敗。」繡不聽，進兵交戰，大敗而還。

詡登城謂繡曰：「促①更追之？更戰必勝。」
繡謝曰「不用公言，以至於此。今已敗，奈何復追？」
詡曰：「兵勢有變，促追之。」
繡素信詡言，遂收散卒更追，合戰，果以勝還。乃問詡曰：「繡以精兵追退軍，而公曰必敗；以敗卒擊勝兵，而公曰必克。悉如公言，何也？」
詡曰：「此易知耳，將軍雖善用兵，非曹公敵也。曹公軍新退，必自斷後，故知必敗。曹公攻將軍，既無失策，力未盡而一朝②引退，必國內有故也。已破將軍，必輕軍速進，留諸將斷後。諸將雖勇，非將軍敵，故雖用敗兵而戰必勝也。」

——《資治通鑑．漢紀五十四》

【你沒讀到的三國】

三國群雄當中，袁紹是重要角色，而張繡只是一個配角。可是從本章故事來看，則袁紹聽到好的戰略建議卻不用，可能是一、無法判斷這個戰略是好是壞；二、認為是好戰略，可是猶豫不決，錯過時機；三、不接受部屬的見解比他高明。無論是哪一個，袁紹都只稱得上「B咖」而已！

反倒是張繡，賈詡說他必敗時，沒發火說賈詡打擊士氣；敗回時沒有惱羞成怒；賈詡要他回頭追擊，仍然採信；回來後還肯虛心請教——張繡其實稱得上是「A咖」！

①促：趕快。
②一朝：指變化突然。

44. 陳宮——劉備一句話害死呂布

從穰城急速撤回許昌，曹操馬上又得處理東方的狀況——呂布聯合袁術，將曹操派往東方的豫州牧劉備趕走，曹操決定親自出馬，收拾呂布。

曾經擁護曹操出任兗州刺史，後來又支持張邈背叛曹操的陳宮，現在是呂布的首席智囊。他對呂布說：「曹操遠來兵疲，我們以逸待勞，應該採取主動，給他個迎頭痛擊。」呂布說：「不急，等他送上門來，再將他們統統驅趕進泗水中淹死。」

可是曹軍一路挺進，廣陵太守陳登倒戈，呂布這才出戰，戰事不利而退守下邳。曹操寫信給呂布，分析禍福利害，呂布信心動搖，有意投降。

陳宮再獻策：「曹軍補給線太長，不可能停留太久。如果將軍率步騎大軍駐屯城外，由我與高順守城，互為犄角。曹操無法兼顧兩面，至多十天半月，軍隊糧秣不繼，到時候，兩面夾擊，可以破敵。」

呂布同意，準備自己領軍出城，狙擊曹軍糧道，可是呂布的妻子（演義說是貂蟬）對呂布說：「陳宮與高順並不和睦，將軍一旦出城，一人若不能同心協力，萬一有個差錯，將軍要往哪裡立足？更何況，曹操以前待陳宮情同父子，陳宮還背叛曹操，你待陳宮超不過曹操，豈可把全城交給他？」呂布自己背叛過丁原、董卓，聽了這話，登時改變心意。

呂布派人向袁術求救，袁術說：「呂布不送女兒來，活該他兵敗，幹嘛又來求我？」於是下令動員，但只做「聲援」，大軍不動。呂布用錦緞將女兒全身包裹，縛在馬上，乘夜親自護送出城，卻被曹軍發覺，以強弓硬弩不停發射，呂布無法突圍，只好回城。

曹操引沂水、泗水灌下邳城，城內積水盈尺。呂布登城對曹軍喊話：「不要再灌水啦，我會向曹公自首！」

陳宮罵說：「曹操是逆賊，豈可稱他為『公』！今天若投降，好比以卵投石，不可能保全。」

最後，呂布手下一些將領發動兵變，逮捕陳宮、高順，引曹軍入城。呂布登上白門樓負隅頑抗，命令左右砍下他的人頭，獻給曹操，左右不忍下手，呂布只好下樓投降。

呂布被俘，仍大言不慚，對曹操說：「閣下最頭痛的，不過我呂布一人。如今我已降服，如果由我率領騎兵，你率領步兵，天下無敵！」曹操命人替呂布鬆綁，有收降呂布之意。劉備在一旁趕忙進言：「閣下忘了丁原、董卓的事嗎？」提醒曹操，曹操點頭，呂布瞪著劉備說：「你這大耳朵的小人，最不可相信！」

曹操再對陳宮說：「你一向自以為智謀無窮，今天怎樣？」

陳宮指著呂布說：「這傢伙不採用我的計謀，才演變成今天，如果聽我的，未必被俘。」

【原典精華】

（曹操）命緩布縛，劉備曰：「不可。明公不見呂布事丁建陽、董太師①乎？」操頷②之。布目備曰：「大耳兒，最叵信！」

操謂陳宮曰：「公臺平生自謂智有餘，今竟如何？」宮指布曰：「是子不用宮言，以至於此。若其見從，並未必為擒也。」

——《資治通鑑．漢紀五十四》

陳宮與呂布、高順一同被絞死。曹操念及舊情，奉養陳宮的母親終身，並送陳宮的女兒出嫁（如自己的女兒一般）。

①丁原字建陽，董卓官銜為太師。
②頷：音「漢」。頷首：點頭。

45. 太史慈、孫策英雄惜英雄

呂布被曹操消滅的過程中，袁術只敢「聲援」，不敢輕舉妄動。因為，曹操老早在袁術的後方安排了一顆棋子——孫策。

孫策打下江東地盤，自己封自己為會稽太守，曹操以皇帝詔命，封孫策為討逆將軍、吳侯，這些都是虛銜，可是對一路受袁術欺侮的孫策而言，非常受用。曹操同時將自己的侄女許配給孫策的弟弟孫匡，又為兒子曹彰娶了孫策的侄女。簡單說，曹操為了拉攏孫策，公器私情都用到了極致。

反觀袁術，動作的幅度小得多。他任命孫策手下兩大支柱：周瑜為居巢縣令，魯肅為東城縣令，兩人都棄官不就，渡江加入孫策陣營。

呂布敗亡，袁術曉得他將是曹操下一個目標，於是派人到丹陽，聯絡當地豪族祖郎，要他煽動當地土著山越，騷擾、牽制孫策。

孫策進軍丹陽，生擒祖郎，於是免不了要面對一個他始終避免相衝突的對手——太史慈。

太史慈少年時就以武勇著名，曾經為北海相孔融遊說平原縣令劉備，劉備為之出兵援救孔融，擊敗黃巾。

太史慈往南，投奔揚州刺史劉繇。剛好孫策來攻揚州，有人建議劉繇用太史慈為將，可是劉繇不聽，只命太史慈擔任偵察任務。

太史慈只帶一個騎兵出城偵搜，不料與孫策驟然遭遇，孫策隨從有十三騎。兩人躍馬交鋒，孫策將太史慈刺落馬下，奪得太史慈脖子上掛的手戟；孫策的頭盔也被太史慈擊落攫取。正在緊急關頭，雙方援兵同時趕到，各自撤退，內心則英雄相惜。

後來孫策擊敗劉繇，太史慈退到丹陽，自稱丹陽太守。孫策既收服祖郎，乃不得不與太史慈對上。

這一戰，孫策勝，生擒太史慈。孫策命解開繩索，握住太史慈的手，說：「還記得神亭那一戰嗎？當時如果你擒住我，會如何相待？」

太史慈說：「沒有想過！」

孫策大笑，說：「今天我願與你一同開創大業，我知道你胸懷大志，是天下大才，只不過所託非人（指劉繇）而已。我是你的知己，不要擔心不能發揮長才。」任命他為門下督（大營軍法處長），班師回會稽，祖郎、太史慈在全軍之前開導，全軍洋溢一片光榮感。

【原典精華】

（孫策）又討太史慈，禽之，解縛，捉其手，曰：「寧識神亭時邪？若卿爾時得我云何？」慈曰：「未可量也。」策大笑曰：「今日之事，當與卿共之，聞卿有烈義，天下智士也。但所託未得其人耳。孤是卿知己，勿憂不如意也。」

——《資治通鑑．漢紀五十四》

【你沒讀到的三國】

讀這一段歷史，會以為是在讀水滸傳，這種真情至性、肝膽相照，莫說史書中，連小說三國演義都不多。

孫策能夠打下江東地盤，且能擄獲江東英雄人心，就憑這一股英雄魅力。

46. 公孫瓚、袁術亡

袁術的後方有孫策牽制，袁紹的後方也有幽州牧公孫瓚。

公孫瓚滅了劉虞之後，不再想要進軍中原，將基地遷到易縣（瀕臨易水，古時戰略地位重要，在今河北保定市內），環城挖掘十道壕溝，並堆起很多高大土丘（高達五、六丈），在土丘上建立高樓，自己住在居中最高土丘的高樓上。用鐵做門，侍從警衛全都隔在門外，七歲以上男子不准進入，所有公文書件都用繩子吊上樓堡。樓內只有婦女與小孩，訓練她們放大嗓門，數百步外可以聽到，以之傳達命令。

從此，智囊、猛將、賓客日漸疏離、叛逃。公孫瓚還合理化他的作法：「天下大勢不明，不如讓官兵休息，努力耕田，拯救災荒凶年。我有如此城塹，城內積聚三百萬斛糧粟。等到吃盡，大概天下大勢會比較明朗。」——如此思考與作法，跟董卓的最後階段幾乎一樣！

幽州不斷有人投奔冀州，袁紹認為有機可乘，出兵攻打公孫瓚，攻了好幾年，卻始終無法取勝。於是寫信給公孫瓚，提議放下怨恨，和平共存。

公孫瓚發現，他的想法完全印證，因此完全不理袁紹。反而更加強防禦工事，對長史（首席幕僚長）關靖說：「如今四方龍爭虎鬥，沒有人能夠在我們的城下，持續攻城好幾年，袁紹能拿我怎麼樣？」

袁紹本來是想要找下台階才寫信請和，只要公孫瓚回信同意，就可以有面子的退兵。如今公孫瓚不給面子，袁紹只好大舉進攻。

【原典精華】

袁紹連年攻公孫瓚，不能克，以書諭之，欲相與釋憾①連和；瓚不答，而增修守備，謂長史關靖曰：「當今四方虎爭，無有能坐吾城下相守經年者明矣，袁本初其如我何！」紹於是大興兵以攻瓚。

——《資治通鑑．漢紀五十四》

公孫瓚分駐其他城池的將領被圍攻，公孫瓚一律不出兵援救，說：「為了救一個人而出兵，以後其他將領都會坐等援軍，不肯奮戰。」結果，一個個城池，投降的投降，潰散的潰散，袁紹大軍於是直抵易縣城池。

面對這座「百年不破」的城池，袁紹軍不以主力正面攻城，挖掘地道，直穿城牆，用木柱支撐，使不下陷。計算已挖到城內中心（公孫瓚的中央城堡），遂縱火焚燒木柱，地道崩解，城樓塌陷。公孫瓚知必無苟免，將妻子兒女姊妹全部絞死，然後縱火自焚。

另一方面，南方的「仲家」皇帝袁術，卻因奢侈荒淫，京城壽春被吃光、花光，落得縱火焚燒宮殿，出奔駐外將領，卻被拒絕接納，這才發覺自己已經眾叛親離。

袁術派人把皇帝尊號讓給袁紹，袁紹的兒子袁譚派兵南下迎接袁術，曹操命劉備等截擊。袁術無法突破封鎖，只好退回壽春，途中投宿江亭（江邊一個驛亭），坐在一張光床（沒有草蓆）上，說：「我袁術怎麼流落至此！」一病不起，吐血而死。

①釋：放開。憾：仇恨。

【你沒讀到的三國】

袁術憑什麼「將」皇帝尊號讓給袁紹？只因為他手上有漢帝國的傳國玉璽。

這顆玉璽是用鼎鼎有名的和氏璧刻成，秦始皇用來做為傳國印信。劉邦入關中，秦王子嬰在咸陽城外投降，獻上傳國玉璽，乃成為西漢的傳國寶。王莽篡漢時，逼王太后交出玉璽，王太后將它砸在地上，崩了一個角，王莽命人用黃金鑲補。光武中興，傳國玉璽再入漢家之室。董卓之亂時，漢獻帝出奔（見第九章）卻不見了玉璽。孫堅攻進洛陽，在宮中井內撈到玉璽，後來又被袁術強索去。如今，這方玉璽被曹軍搜得，乃再次回到漢室朝廷。然而，漢獻帝有玉璽也不代表什麼，仍得曹操同意才能蓋印！

47. 荀彧——袁紹與曹操對決「十敗十勝」

袁紹消滅了公孫瓚，北面已無顧慮；曹操的南面袁術、東面呂布也解決了。這兩位少時玩伴，如今卻是一山容不得二虎，勢必決一勝負。

在此之前，袁紹在給曹操的書信中，措辭傲慢，曹操心情大受影響，出入動靜都異於往常。左右都以為是因為長子曹昂在宛城陣亡的緣故。唯獨荀彧說：「曹公不會因為已經過去的事情牽腸掛肚，應該是別有他事。」於是直接問曹操。曹操出示袁紹來信給荀彧看，問：「我很想討伐這傢伙，可是自度力量不如他，該怎麼辦？」

荀彧說：「勝敗看才能不看眾寡。從前項羽雖強大，最後仍敗給劉邦。如今與閣下爭天下的，只剩袁紹了，而袁紹有十項致敗因素，閣下有十項致勝條件，袁紹雖強，卻不能贏得最後勝利。」

荀彧分析兩人的「十敗十勝」因素：

一、袁紹愛擺架子，曹操隨和待人，是待人作風勝；
二、袁紹名義上是臣子，曹操可以打著天子旗號，是政治號召勝；
三、袁紹政令鬆弛，曹操政令嚴厲，是治理方法勝；
四、袁紹只信任自己子弟，曹操用人不分親疏，是胸襟氣度勝；
五、袁紹多謀少決，曹操見好即刻施行，是謀略決斷勝；
六、袁紹沽名釣譽，曹操不尚虛名，是品德言行勝；
七、袁紹只看見眼前大小事，曹操深謀遠慮，顧及執行細節，是見識周密勝；
八、袁紹陣營派系爭權奪利，曹操陣營諂言不行，是智慧英察勝；
九、袁紹行事是非不明，曹操是是非非，是公正法治勝；
十、袁紹打仗喜歡壯大聲勢，曹操用兵虛實莫測，是軍事才能勝。

曹操對荀彧信任有加，最初荀彧離開袁紹投奔曹操時，曹操大喜，說：「你就是我的張良啊！」

另一位荀彧向曹操推薦可以擔當重任的鍾繇，曹操派他主持關中事務，曾在信中將他比喻為「今之蕭何」。

【原典精華】

彧去紹從太祖，太祖大悅曰：「吾之子房也。」

太祖與繇書曰：「若蕭何鎮守關中，足食成軍，亦適當爾。」

——《三國志．魏志》

48. 郭圖、審配——袁紹聽讒分散兵權

然而，袁紹可不認為自己不如曹操，動員精銳部隊，步兵十萬，騎兵萬餘，準備進攻許都。

袁紹手下最重要的幕僚，監護諸將（相當參謀總長）沮授勸諫：「我們連年對公孫瓚用兵，人民疲憊，倉庫空虛，不宜輕動干戈。應該讓人民得到休息，增加農產。」

沮授提出他的重要論點：「我們先將消滅公孫瓚的捷報呈獻天子，如果曹操不讓我們的使節進入許京，就可以彈劾曹操，說他阻斷臣子效忠朝廷，這才是名正言順的出兵。」——沮授點出了袁紹的最大劣勢：曹操手上有漢獻帝。

這話當然袁紹不愛聽，於是另外兩位智囊郭圖、審配立刻「摻砂子、挖牆角」，說：「在明公（袁紹）的領導之下，統率河朔的強大武力，討伐曹操，易如反掌，何必那麼麻煩？」

沮授說：「軍隊要師出有名。救亂誅暴稱為『義兵』，仗恃人多兵強稱為『驕兵』；義兵無敵，驕兵必敗。曹操可以運用天子為號召，我們出兵南向，在政治號召上處於不利地位。而且曹操治軍嚴謹，不是公孫瓚那一流人物。如果發動缺乏政治號召的軍事行動，而放棄萬全的戰略，我深深為主公擔憂！」

郭圖、審配立即反駁：「當年周武王伐紂，周是臣、商是君，不能說是『不義』，更何況我們是討伐曹操，不是討伐天子！以明公今天的強盛，不趁此機會一舉完成大業，將是『天與不取，反受其咎』。沮授所說，是保守持重之計，卻不是把握時機的進取見解。」

【原典精華】

授曰：「夫救亂誅暴，謂之義兵；恃眾憑強，謂之驕兵；義者無敵，驕者先滅。曹操奉天子以令天下，今舉師南向，於義則違。……」

圖、配曰：「武王伐紂，不為不義，況兵加曹操而云無名！且以公今日之強，不及時以定大業，所謂『天與不取，反受其咎』。監軍之計在於持牢①，而非見時知機之變也。」

——《資治通鑑・漢紀五十五》

袁紹採納郭、審二人的意見，郭圖打蛇隨棍上，乘機奪權，進讒說沮授內外通吃「權力太大，威震三軍」，恐怕將來難以制約。於是袁紹將沮授原本統領的部隊，一分為三，由沮授、郭圖、淳于瓊各領一軍。

①持牢：保持穩定現狀。

49. 楊阜——涼州諸將坐山觀虎鬥

袁紹大軍直撲許都，曹操則調動軍隊，一路防衛東邊的青州，一路沿黃河佈防，自己率主力進駐官渡（今河南鄭州市東北），然後本人回許都坐鎮。

許都內部人心惶惶，孔融對荀彧說：「袁紹地大兵強，謀臣有田豐、許攸，武將有顏良、文醜，還有審配、逢紀等心腹，我們可以抵擋得住嗎？」

荀彧說：「袁紹兵多，但沒有紀律；田豐剛直，卻總是讓長官生氣；許攸貪婪，不能克制自己；審配只會奪權，而缺乏謀略；逢紀果決，卻自以為是。如此將領與軍隊，無法團結，內部一定會發生問題。」

袁紹派人去跟張繡示好，張繡看見豐厚的禮物，大為心動。不料，賈詡卻在筵席上公然侮辱袁紹的使節，將他罵了回去。

張繡被賈詡的言行嚇到了，等回過神來，問：「你這麼一弄僵，我們應採何等立場？」

這話問的有道理：之前已經跟曹操結仇，現在又得罪袁紹，難道只能依附劉表了嗎？可是，劉表又不是材料！

賈詡說：「我建議向曹操靠攏。」

雖然跟曹操存在宿仇，但張繡一向信任賈詡，因此讓他說明白。賈詡說：「袁紹聲勢雄大，不會把我們看在眼裡；曹操居於弱勢，必然歡迎我們加入。有天下之志的英雄，一定不會計較過去的怨仇。請將軍不要猶豫。」

於是張繡率軍向曹操歸降，曹操握住張繡的手，連日歡宴，還跟張繡結為親家，兒子曹均娶張繡的女兒。

盤踞關中的涼州諸將，一個個保持中立，瞪大眼睛注意這一場大對決。涼州牧韋端派楊阜為使節前往許都，楊阜返回後，諸將問他：「袁曹之爭，誰勝誰敗？」

楊阜說：「袁紹寬大而沒有決斷，好謀而不知如何選擇；無決斷便無威信，不做選擇便處處受制於人，因此，目前雖然強大，最後卻會失敗。曹操有英雄的才幹和策略，一旦抓住機會，就毫不動搖。法令統一，執行徹底，敢於任用度外之人，而被任用的人，因而盡心盡力。一定能成大事。」

【原典精華】

阜曰：「袁公寬而不斷，好謀而少決；不斷則無威，少決則後事，今雖強，終不能成大業。曹公有雄才遠略，決機無疑，法一而兵精，能用度外之人，所任各盡其力，必能濟大事者也。」

——《資治通鑑．漢紀五十五》

【你沒讀到的三國】

荀彧是幫助曹操打天下的「張良級」人物，他能分析袁紹與曹操優劣（見第四十七章），能分析袁紹陣營各要角的性格與優劣點，似屬當然。

可是楊阜只是韋端手下的從事，韋端在三國群英中尚且排不上名，楊阜卻能分析袁曹之爭，而且頭頭是道，最後也得印證。

這又說明了，東漢末年的「品人」，不僅僅是流行，或士人相互標榜而已，事實上已經發展出一套系統，只要是水準以上的角色，都能依此做出水準以上的分析。同時，三國時期確實藏龍臥虎，只不過英雄也要有機會、有運氣。

50. 韓嵩——劉表搖擺不定

袁紹想要跟張繡結盟，被賈詡破壞，關中諸將雖持中立，卻因楊阜的分析，而不看好袁紹。袁紹又起一念，拉攏荊州牧劉表，可是劉表口頭說「好好好」，卻不出兵，但也不幫曹操。

劉表的幕僚，包括首席智囊蒯越，都勸劉表靠向曹操，至少絕對不應該手握十萬大軍，卻坐觀天下成敗。

劉表狐疑不決，就派韓嵩前往許都，對他說：「而今天下沸騰，鹿死誰手，尚未可知。你去許都觀察一下形勢。」

韓嵩說：「上等之人能夠通權達變，次一等的只能堅守節操。我韓嵩屬於次一等的人，君臣名分一旦確定，就會誓死堅守。今天我在將軍麾下，當然唯命是從，赴湯蹈火，雖死不辭。以我個人的觀察，曹操必能得志於天下，將軍若能上順天子，下附曹操，那派我出使無妨。如果心存猶豫，一旦我到了京師，天子任命我一個官職（其實是曹操拉攏韓嵩），又不准我推辭（天子命，不可違），我就成了天子之臣，而只是將軍的老部下而已。這就是我所謂，君臣名分一旦確立，我就只能效忠天子，不能再為將軍效死了。請將軍多加考慮，不要讓我韓嵩辜負將軍！」

劉表以為韓嵩只是不願意擔任使節，才講出這麼一番似是而非的道理，所以堅持要他前往。

韓嵩到了許都，漢獻帝任命他為侍中，兼零陵太守——零陵是荊州八郡之一，這一招曹操在陳登身上運用過，效果極佳。

韓嵩回到荊州，對皇帝與曹操大為讚揚，建議劉表將兒子送去許都擔任皇帝侍從（做人質）。

劉表大怒，認為韓嵩背叛。集合所有僚屬，陳列軍隊，搬出皇帝符節——州牧都賜「持節」，有生殺大權，劉表要殺皇帝任命的侍中韓嵩，所以要「持節」。

將行刑前，劉表數度質問：「韓嵩，你竟敢懷有二心！」在場文武百官無不震恐，紛紛勸韓嵩謝罪認錯。

韓嵩神色平常，安詳的對劉表說：「是將軍辜負韓嵩，韓嵩沒有辜負將軍！」將出發前說的話，重覆一遍。

【原典精華】

（劉表）大會僚屬，陳兵，持節，將斬之，數曰：「韓嵩敢懷貳邪！」眾皆恐，欲令嵩謝。嵩不為動容，徐謂表曰：「將軍負嵩，嵩不負將軍！」且陳前言。

——《資治通鑑．漢紀五十五》

劉表的妻子蔡夫人勸劉表：「韓嵩是楚地（荊州大致上在古楚王國範圍）有名望之士，況且他只是坦率直言，殺他沒有正當理由。」

劉表確實沒有正當理由。他自己還要做樣子「持節」，哪有理由殺韓嵩？除非他表明獨立，不奉漢朝正朔，但他又猶豫不決。

51. 董承——劉備捲入政變陰謀

外界都看好曹操，可是許都內部卻湧起一股暗流，因為曹操大權在握，專制獨裁，所以皇帝周邊一些位高權不重的大官，企圖刺殺曹操。

這群位高權不重的大官以車騎將軍董承為首。董承在漢獻帝逃出關中的過程中，忠心耿耿的追隨在皇帝身旁。最初挑撥李傕、郭汜矛盾的就是他，護駕出關也是他，回洛陽整建宮殿還是他，最後秘密召曹操入京的更是他。

因此，在遷都許昌的初期，董承的官位升到車騎將軍，這個官名在武官體制中，地位僅次於大將軍。當時的大將軍是袁紹，當然管不到朝廷的國防，而車騎將軍也只是空銜，實質權力都在曹操掌握中。

董承想要刺殺曹操，可是自己手上沒有軍隊，於是拉攏二位禁軍將領吳子蘭、王服，宣稱自己拿到漢獻帝藏在衣帶中的密詔，要忠心的臣子勇敢的站出來，誅殺曹操。

董承對吳子蘭、王服說：「之前在長安，郭汜只以數百兵力擊敗了李傕數萬人，而古時候呂不韋投資子楚而成為相國。現在，只要你我聯手，榮華富貴將享用不盡。」吳、王仍然不敢，問董承：「還有誰參與？」董承說：「長水校尉種輯、議郎吳碩是我的心腹。」

可是，這些人的力量實在太微薄了，王服是唯一有兵權的人，但膽量太小，因此始終處在「密謀」狀態。這時候，卻有一個膽子大的人物意外加入——劉備。

曹操有一次在一個非正式場合，對劉備說：「當今天下的英雄人物，只有你我兩人而已。像袁紹那種角色，根本上不了檯面。」

劉備正在吃飯，聞言嚇得筷子都跌落地上。運氣好，天上正發出一聲霹靂，劉備反應很快，說：「聖人說：『迅雷和暴風會讓人變色』，真是有道理啊！」

【原典精華】

操從容謂備曰：「今天下英雄，唯使君與操耳，本初之徒，不足數也。」備方食，失匕箸，值①天雷震，備因曰：「聖人云『迅雷風烈必變』②良有以也。」

——《資治通鑑・漢紀五十五》

劉備感覺到，曹操是在試探他，內心不安，於是加入董承等的「密謀」。

曹操追擊袁術時，派劉備攻取徐州一帶的戰略要地，切斷袁術由准南往青州的路線。軍隊已經出發，智囊群程昱、郭嘉、董昭都勸諫曹操：「不可以放劉備走！」曹操派人追趕，已經來不及。

袁術退回壽春之後，其他將領都班師回許都，只有劉備不回去，更擊斬徐州刺史車胄，再度盤踞徐州。

董承等的密謀終於洩露，董承、王服與種輯被夷三族。曹操查出劉備也涉入，派劉岱、王忠討伐劉備，兵敗。劉備對劉岱等說：「像你這樣的貨色，再來一百個，我也不在乎。即使曹操親自領軍來，勝負也難料。」

劉備當時已有數萬兵力，派人與袁紹結為同盟。

①值：剛好。

②語出《論語．鄉黨》。

52. 田豐——袁紹一誤再誤

曹操決定親自討伐劉備，劉備自己屯兵小沛，命關羽駐守下邳，成犄角之勢，嚴陣以待。

袁紹的智囊田豐提出緊急建議：「曹操攻打劉備，一時不可能分出勝負。如果我們揮軍直襲曹操的後路，可以一舉得手。」

可是袁紹因為小兒子正患重病，不願此時發兵。

田豐用手杖猛擊地面，說：「天哪，好不容易出現如此千載良機，卻因為一個嬰兒生病，全盤盡棄。可惜啊，大勢已去！」

【原典精華】

冀州別駕田豐說袁紹曰：「曹操與劉備連兵，未可卒解①。公舉軍而襲其後，可一往而定②。」紹辭以子疾，未得行。豐舉杖擊地曰：「嗟乎！遭難遇之時，而以嬰兒病，失其會。惜哉，事去矣！」

——《資治通鑑．漢紀五十五》

田豐的動作和語言，跟鴻門宴後的范增如出一轍。如此大好機會就此失去，可見老闆是婦人之仁，如此性格，大事永遠不會成功了。

然而，田豐的建議事實上並不正確，因為，劉備居然不堪一擊。劉備除了剿黃巾時期，還沒打過像樣的勝仗。這一回膽敢說大話（詳見前一章），是研判曹操正與袁紹對峙，不可能親自東征。

可是曹操研判袁紹「性遲而多疑」，不可能很快到來，因此加速行軍往東。斥候回報劉備，說曹操親自來攻。劉備不信，親自率領數十名騎兵到高處眺望，發現情報是真的，大為驚恐。結果大敗，老婆孩子被俘。曹操再攻陷下邳，生擒關羽。劉備投奔青州刺史袁譚，再轉往袁紹的大本營鄴城，袁紹聽說劉備來歸，出城二百里迎接。

這種禮賢下士的身段，袁紹表現得淋漓盡致。可是他之前否決截曹操後路，如今卻決定發動大軍進攻許昌。

田豐這回卻提出諫議，說：「曹操已經擊破劉備回師，許都不再空虛，不宜輕進。將軍應固守四州，派出數支奇兵襲擾河南，曹操救右則擊其左，救左則擊其右，讓他疲於奔命。如此，則三年之內可以坐而克服。這比傾全力出擊，決成敗於一場戰爭，穩當多了。」

袁紹仍然不聽他的，田豐乃強力諫諍，袁紹火大，下令將田豐戴上械具，關進監牢。

①卒：音「促」，用法同「倉卒」。卒解：立即解決。
②一往而定：一次解決。

53. 關羽斬顏良

袁紹派大將顏良攻擊戰略要地白馬（在今河南滑縣），曹操親率大軍援救。智囊荀攸建議：「我們兵力較少，正面對抗難以取勝，必須分散敵人的兵力。你到了延津之後，應做出準備渡河抄敵人後路的姿態，袁紹一定分兵向西阻截。然後以輕騎急襲白馬，攻其不備，顏良就在掌握之中了。」

曹操依計而行，袁紹果然分兵向西，曹操乃率軍晝夜不停，直撲白馬。大軍距白馬十餘里，顏良才發覺，倉促迎戰。

曹操命張遼、關羽打前鋒。關羽望見顏良的帥旗所在，躍馬長驅直入，在萬軍之中斬殺顏良，帶著人頭回陣。袁紹大軍對這個突然的狀況大為驚愕，竟無人出手阻擋關羽。

袁紹的主力大軍推進到黃河南岸，曹軍在白馬山南麓結陣，派人攀高眺望，報告說：「敵軍前鋒約五、六百騎。」

過一會兒，又報告：「騎兵增加，步兵不可勝數。」

曹操說：「好了，不必再報。」命騎兵下馬解鞍。同時，大軍輜重車隊沿大道往西移動，將領們認為，敵人兵馬太多，輜重應該撤回營地。

荀攸說：「我們正在誘敵，怎麼能退？」曹操聞言，給荀攸一個會心微笑。

袁紹的騎兵統帥文醜率領騎兵五、六千人陸續抵達，開始集結。曹軍將領一再要求上馬，曹操說：「還不要。」

稍後，袁軍騎兵集結完成，文醜親領一支騎兵，直撲大道上的曹軍輜重車隊。曹操說：「是時候了！」這才下令全軍上馬，阻截文醜。

曹軍騎兵才不超過六百人，但因文醜輕敵又貪功，結果反被截擊，自己陣亡。

顏良、文醜是袁紹手下的名將，卻在頭二陣先後陣亡，袁軍士氣為之沮落。

在袁、曹雙方氣勢消長的轉捩點上，卻有一個人棄曹操，投奔袁紹，那個人就是中國的「武聖」關羽。

曹操生擒關羽後，非常器重他，可是發覺關羽似乎不願留在自己陣營，就對張遼說：「你們私交很好，你問問他是什麼原因？」

關羽對張遼說：「我知道曹公待我優厚，可是我跟劉將軍有共死之誓（也就是小說中所述「但願同年同月同日死」），我不可能背棄誓言。我遲早一定會離去，可是在離開之前，一定會立功報答曹公。」張遼回報曹操，曹操敬重關羽的義氣。

關羽擊斬顏良之後，曹操上表請漢獻帝封關羽為壽亭侯，自己更三不五時致贈厚禮。然而在曹操擊斬文醜之後，曹軍氣勢旺盛，不再居於下風，關羽認為此時離開，對曹操沒有「不好意思」，於是將所有曹操賞賜他的金銀器物全部封存，留下拜別書函，投奔身在袁紹陣營的劉備。

曹操左右打算追殺關羽，曹操說：「他是各為其主，不要追了。」

【原典精華】

羽（對張遼）歎曰：「吾極知曹公待我厚，然吾受劉將軍厚恩，誓以共死，不可背之。吾終不留，吾要當立效以報曹公乃去。」……曹公曰：「彼各為其主，勿追也。」

——《三國志．蜀書．關羽傳》

【你沒讀到的三國】

曹操為什麼放關羽走？是因為關羽的義氣。但不是佩服關羽對劉備講義氣，而是曹操相信，當關羽再度成為他的部下，也會對他講義氣。

曹操愛才，可是他殺了三國第一勇將呂布，因為呂布從來不講義氣，曹操也沒把握能讓呂布對他效忠。

關羽呢？如今讓他回去劉備那裡，等到打敗袁紹之後（曹操此時已有擊敗袁紹的十足信心），劉備、關羽都會再度成為他的部下，而他需要所有可以為他所用的人才，幫他打天下。

54. 許攸陣前倒戈

袁紹與曹操進入對峙狀態，沮授對袁紹說：「我們的糧秣多，曹操的糧秣少，所以曹操急於作戰，我們應作長期打算，消耗對方。」袁紹不聽這個建議，大軍繼續推進。

曹操發動試探性攻擊，不能取勝，糧秣即將告罄，深為苦惱。寫信給荀彧，表示打算撤軍返回許都，引誘袁紹深入。

荀彧急忙回信勸阻：「從前劉邦跟項羽在滎陽、成皋間對峙，誰都不肯後退，就是因為雙方都深知，一旦先後退，形勢就會立刻逆轉。你的軍隊雖只有袁紹的十分之一，卻正好扼住他的咽喉，使他寸步不能前進，已經歷時半年。現在正是出奇制勝的時機，千萬不可喪失。」

曹操下令再加強營壘工事，對工兵說：「再過十五天，我為你們擊破袁紹，不再麻煩你們了。」

袁紹的智囊許攸建議：「曹操傾力遠出，許都必定空虛，如果派出奇兵襲取許都，迎奉天子，討伐曹操，曹操必敗。」袁紹拒絕，說：「我要正面擊敗並生擒曹操。」就在這個時候，許攸的家人犯法，審配逮捕許攸家人，許攸大怒，遂投奔曹操。

曹操聽說許攸來奔，連鞋子都來不及穿，光著腳出來迎接，鼓掌大笑說：「子遠（許攸字）來到，我的大事成了！」

賓主就座後，許攸問曹操：「袁紹兵力強大，你有什麼好策略嗎？如今還有多少存糧？」

曹操說：「還可以撐一年。」

許攸說：「不對吧，再說一次。」

曹操說：「可以撐半年。」

許攸說：「閣下不想擊敗袁紹了嗎？怎麼不肯說實話！」

曹操：「方才是說笑話。老實說，只剩一個月軍糧了，你說，該怎麼辦？」

【原典精華】

既入座，謂操曰：「袁氏軍盛，何以待之？今有幾糧①乎？」操曰：「尚可支一歲。」攸曰：「無是，更言之！」又曰：「可支半歲。」攸曰：「足下不欲破袁氏邪？何言之不實也！」操曰：「向言戲之耳。其實可一月，為之奈何？」

——《資治通鑑．漢紀五十五》

許攸告訴曹操一個重要情報：袁紹的糧草、輜重都屯在故市、烏巢（在今河南封丘縣西邊），由淳于瓊領一萬軍隊防守。如果以輕騎突襲，放火燒糧，不出三日，袁紹部隊就會崩潰。

①幾糧：多少糧秣。

55. 逄紀——官渡之戰

曹操得到寶貴的情報，立即採取行動，並使用了高級計謀：他親自率領一支步騎兵五千人的混合部隊，打著袁紹部隊的旗幟，馬口銜枚（啣木枝）並用繩子縛住，避免吐氣出聲。步兵每人帶一束薪柴。就這樣一路混到烏巢，即刻展開攻擊，乘風縱火。

袁軍陷入恐慌，守軍將領淳于瓊捱到天明，才發現曹軍兵力不多（一萬對五千），率軍出營回擊，怎奈主動權已握在曹操手上，敗退回寨自保。

袁紹在官渡大營得到報告，決定攻擊曹操大營，絕其退路。命大將高覽、張郃執行這項任務。張郃說：「淳于瓊一旦被殲，我們將陷入危急，應該先救淳于瓊。」

可是郭圖附合袁紹，力主攻擊曹操大營。袁紹決定，只派出輕騎兵援救淳于瓊，而以主力攻擊曹操大營。結果無法攻克。

救援的騎兵抵達烏巢。曹操的左右報告：「敵軍已經接近，請分軍阻擊。」

曹操大怒開罵：「等他們到了背後，再告訴我。」

曹操下定決心「顧前不顧後」，曹軍陷入腹背受敵的險境，士卒死中求生，拚命向前，殺聲震動天地，終於擊潰烏巢守軍，斬淳于瓊，縱火焚燒袁軍屯糧。

曹操下令：將俘虜割下鼻子，牛馬割下唇舌，將他們驅回袁紹大營——如此殘忍畫面，令袁軍官兵大為震怖。

郭圖的謀略失敗，反而陷害張郃，對袁紹說：「張郃聽說兵敗，現出高興神情！」張郃與高覽在前線攻曹操大營，聽到消息，燒燬攻寨器械，投降曹軍。

袁紹大軍在一連串不利軍情衝擊之下，剎時崩潰。官兵四散逃命，袁紹跟兒子袁譚，只帶了八百餘騎兵，北渡黃河，奔回鄴城。

曹操進入袁紹大營，抄到許多朝廷官員與袁紹的來往信件，下令全數焚燬，說：「面對強大的袁紹，連我自己都不敢說得以保全，何況別人！」

袁紹敗回鄴城，士卒個個搥胸流淚說：「如果田豐在軍中，一定不至於如此！」有人將情況告訴囚禁獄中的田豐，說：「你這下要得到重用了。」田豐說：「袁公外表寬厚，內心卻相反，如果戰事勝利，他一高興，我可得赦免，如今戰敗，我危險了。」

袁紹起初也頗為後悔，沒有採納田豐的建議（田豐之前主張拖垮曹操，不求決戰）。

這時出現一個小人：逄紀。

逄紀對袁紹說：「田豐得到將軍敗退的消息，鼓掌大笑，為他預言正確而喜。」

袁紹聞言，對幕僚說：「我不用田豐的計謀，果然被他恥笑。」下令斬田豐。

【原典精華】

紀曰：「豐聞將軍之退，拊手①大笑，喜其言中也。」紹於是謂僚屬曰：「吾不用田豐言，果為所笑。」遂殺之。

——《資治通鑑．漢紀五十五》

逄紀不但害死田豐，還力保審配，以和郭圖對抗，種下後來袁紹死後，袁譚與袁尚分裂的因子。

①拊：拍。

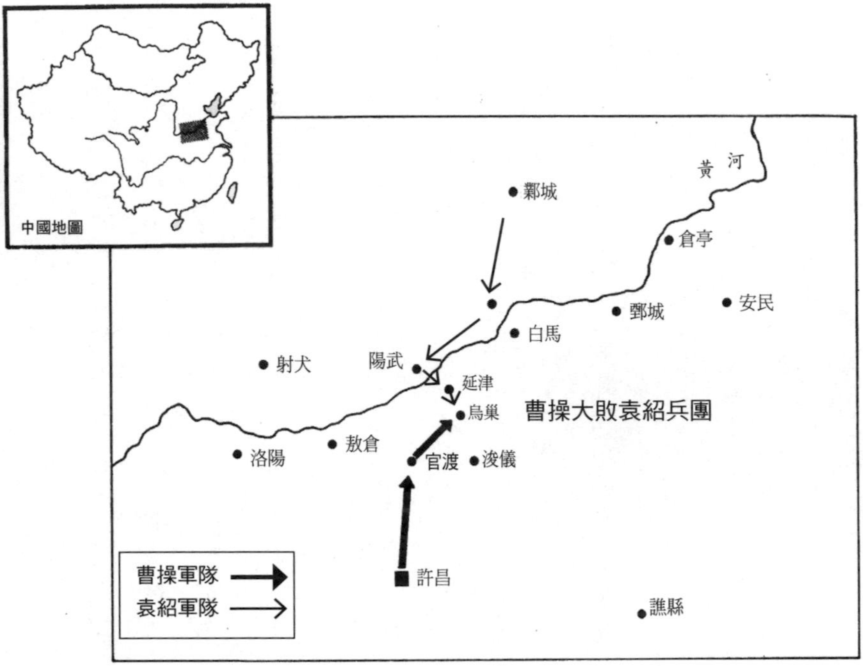
中國地圖
黃河
鄴城
倉亭
安民
鄄城
白馬
陽武
射犬
延津
烏巢
曹操大敗袁紹兵團
洛陽
敖倉
官渡
浚儀
許昌
譙縣
曹操軍隊
袁紹軍隊

官渡之戰

【你沒讀到的三國】

這一場官渡大戰，是三國三大戰役之一，自此曹操獨大，一步步收拾北方群雄割的局面。

後世史家對曹勝袁敗的見解是，曹、袁分別印證了他們之前的開國君主的成功：曹操燒燬朝廷官員與袁紹交通的書信，正如東漢光武帝劉秀，在擊潰王郎之後，焚燒己方將領與王郎交通的書信；而袁紹兵敗後殺田豐，卻與漢高祖劉邦兵敗於匈奴之後，重用婁敬（之前不聽諫，並將他下獄），恰恰相反。一正一反，曹操該勝，袁紹當敗。

56. 孫權——兄終弟及

北方官渡大戰的同時，南方也發生了大變化。

之前袁術敗亡，餘部投靠廬江太守劉勳，劉勳無法供應龐大軍隊的糧秣，向上繚（今江西境內）的各宗部（地方性獨立武力）徵糧，卻不得滿足。

會稽太守（郡治在蘇州）孫策當時正為報父仇攻擊江夏太守黃祖，忌諱劉勳兵力眾多，就寫信給劉勳說：「上繚物資豐富，如果閣下討伐他們，我願出兵相助。」於是劉勳大舉進攻上繚，卻只得到一座空城，什麼都沒搶到。

孫策始終掌握劉勳動向，這時偕周瑜率二萬人，直襲劉勳根據地皖城（今安徽潛山縣）。劉勳的妻子、家屬、袁術的家屬，以及留皖城的三萬軍隊，全部落入孫策手中。

劉勳回師途中，再被孫策伏擊，大敗，向黃祖求救。黃祖派兒子黃射率五千人赴援，孫策再度大破黃、劉聯軍，順勢進擊黃祖。荊州牧劉表派出五千援軍，又被孫策痛擊，黃祖隻身得脫。孫策俘獲戰艦六千艘，於是擁有江東六郡，成為一方霸主。

就在這個時候，孫策卻遭仇家狙殺。

之前孫策擊斬前吳郡太守許貢，許貢的家僕、門客藏匿民間，一直在尋找機會替許貢復仇。孫策喜歡游獵，他的坐騎是一匹良馬，奔馳速度極快，衛士往往跟不上。就在一次游獵中，孫策獨自與許貢的復仇殺手相遇，被弓箭射中面頰。衛士隨後趕到，殺了許貢的門客與家僕，可是孫策卻傷重陷入危境。

孫策在病榻上，召喚長史張昭等人，囑咐說：「請各位善待我的弟弟。」再召喚時年十九歲的弟弟孫權到床前，將印綬佩到他身上，說：「集結江東人馬，在沙場上殺敵掠陣，跟天下英雄爭勝，你不如我。然而，選拔任用賢能，讓人才各盡心力，以保衛江東，我不如你。」交待完後事，孫策就去世了，享年才二十六歲。

【原典精華】

呼權，佩以印綬，謂曰：「舉江東之眾，決機於兩陣之間，與天下爭衡，卿不如我；舉賢任能，各盡其心以保江東，我不如卿。」

——《資治通鑑・漢紀五十五》

孫權繼承老哥的基業，行政全部授權張昭，軍事全部授權周瑜，張昭與周瑜也盡心盡力為孫權服務，一如孫策臨終所囑。

57. 魯肅——首提「鼎足三分」

孫策未死之前，當曹操與袁紹在官渡對峙時，曾經起念頭偷襲許都，奉迎天子。也就是說，孫策的確是一位有野心，也有能力「與天下英雄爭勝」的角色。

如今孫權繼承哥哥打下來的江東基業，他有自知之明，曉得自己不如老哥，因此，一切的目標就擺在保守江東。

魯肅認為，孫權既無天下大志，乃決定舉家還回臨淮老家。

周瑜知道魯肅有大才，勸他留下，並向孫權推薦，說：「魯肅的才幹，壓倒當世，你應該多延聘這樣的人物，建立功業。」

孫權接見魯肅，交談之下，大為興奮。等到賓客全都告辭，特地留下魯肅，將坐榻靠在一起，傾心請教：「當今漢室垂危，我私心羨慕春秋齊桓公和晉文公的功業，先生如何指教我？」

魯肅說：「個人認為，劉姓皇室不可能復興，曹操不可能在短時間內去除。為將軍設想，只有一條路，就是保住江東的鼎足地盤，坐觀天下之變。趁北方仍然兵慌馬亂，無暇南顧的時候，消滅黃祖，再進一步攻擊劉表，盡可能的取得長江流域控制權。然後可以建國稱帝，以圖謀天下，這是漢高祖劉邦建立大業的模式。」

孫權說：「我現在只想經營好江東，希望能夠擁護朝廷（天子），你說得太遠了！」

【原典精華】

肅對曰：「……肅竊料之，漢室不可復興，曹操不可卒除。為將軍計，惟有鼎足江東，以觀天下之釁。……北方誠多務也，因其多務，剿除黃祖，進伐劉表，竟長江所極①，據而有之，然後建號帝王，以圖天下，此高帝之業也。」

權曰：「今盡力一方，冀以輔漢耳，此言非所及也。」

——《三國志・吳書・魯肅傳》

張昭批評魯肅「嘴上無毛，辦事不牢」，年紀輕輕，卻放言高論，不知謙虛。但是孫權卻更加尊重魯肅，贈送高檔衣服、幃帳（寢室用具）給魯肅的母親。

【你沒讀到的三國】

史書和演義上，這是第一次出現「鼎足」名詞。

在此之前，最成功的大戰略是「奉天子以令諸侯」，關中與河東軍閥都想過，但執行不成功；袁紹則是聽不進；最後成功執行的是曹操。

原本孫策也想效法，可惜天不假年。而這正是孫權口中的齊桓公（尊王攘夷）功業。

魯肅看得很清楚，曹操擊敗袁之後，實力已經獨大，想從他手中搶走天子，已經不可能。甚至已經沒有任何一個割據勢力可以獨力抵抗曹操，必須有一個具有相當實力的盟友，有默契的一同牽制曹操，讓曹操必須兩面作戰，力量分散之後，就能如鼎有三足，形成最穩定狀態。

只不過，魯肅當時還看不出，誰能成為「鼎」的另一足。

①竟：儘量。極：用法同「及」。竟長江所極：囊括長江流域可以到達之地。

58. 袁譚——兄弟鬩牆，曹操得利

袁紹在官渡兵敗之後，既羞慚、又悲憤，臥病在床，嘔血不止。半年之後，去世。

袁紹有三個兒子：袁譚、袁熙、袁尚。袁譚的母親先死，袁紹續弦劉氏生幼子袁尚，一直慫恿袁紹，指定袁尚為繼承人，於是袁紹做了一個安排：袁紹本人是生父袁逢的庶子，入嗣伯父袁成繼承其香火。袁紹於是指定，袁譚繼承袁成這一脈。這一來，依照宗法制度，袁譚名義上成了袁紹的侄兒，就不能繼承其爵位，袁尚乃成為繼承人，而將袁譚外放為青州刺史。

當時，只有沮授大力反對，說：「《慎子》說，一萬人追逐一隻野兔，等到有一個人捉到了，其他人都會停止行動。為什麼？因為所有權已經確定。袁譚事實上是長子，應當立為繼承人，卻將他排斥到外州，我擔心禍患自此開始。」

【原典精華】

沮授諫曰：「世稱萬人逐兔，一人獲之，貪者悉止，分定①故也。譚長子，當為嗣，而斥使居外，禍其始此矣。」

——《資治通鑑．漢紀五十六》

袁紹不跟他辯，說：「我是要考察他們的能力，所以讓他們各自主持一州。」但實際上，袁譚當青州刺史，最遠；次子袁熙當幽州刺史，外甥高幹當并州刺史，都距離冀州比較近；袁尚則留在身邊。

沮授敢講出這番諫言，因為袁紹知道他沒有派系。其他袁氏智囊已經各自選了邊：辛評、郭圖擁護袁譚，逢紀、審配擁護袁尚。

等到袁紹一死，審配就假傳遺命，由袁尚繼承冀州牧。

①分定：名分確定。

袁譚由青州回鄴城奔喪，已經遲了一步，於是自稱車騎將軍（袁紹當年起兵討董卓時就自稱車騎將軍），不再回青州，駐軍黎陽（今河南鶴壁市內），宣稱要討伐曹操報仇，要求袁尚撥出軍隊給他南征。

袁尚當然不願老哥手握重兵，只撥給一支小部隊，還派了逢紀隨軍監督。袁譚要求更多兵力，審配等商議後，不答應。袁譚大怒，斬逢紀。

不久，曹操大軍渡黃河北上，攻擊袁譚。袁譚向袁尚告急，袁尚命審配留守鄴城，自己領軍援救袁譚（仍不願將軍隊交給老哥）。連番會戰之後，袁譚、袁尚聯軍不敵，退守鄴城。

曹軍將領都主張乘勝圍城，只有郭嘉持不同看法：「我們攻擊太急，兄弟就會合作自保。我們停止攻擊，給他們一段時間，一定會相互內鬥，不如先向南攻荊州，等待變化。」

曹操說：「對極了！」

59. 辛毗——袁譚靠向曹操

曹操本人返回許都，留一個部將駐守黎陽。鄴城的狀況一旦放鬆，袁譚與袁尚立刻開始內鬥。

袁譚決定用武力奪回老爹遺留下來的爵位（其實袁紹跟朝廷已經翻臉，爵位只是一個空頭虛銜，卻意味著冀州的領導權），出兵攻擊袁尚，在鄴城外會戰，袁譚兵敗。冀州所有郡縣各自表態，壁壘分明。

袁尚反擊袁譚，袁譚大敗，退守平原縣城，被團團包圍。於是派辛毗為使節，向曹操求援。

辛毗晉見曹操，轉達袁譚求救（意味著向曹操輸誠）之意。幕僚多半仍持「放任袁氏兄弟自相殘殺」的主張，因此傾向「不理北方，主力對付劉表」。只有荀攸認為，兄弟交惡已經勢不兩立，如今有一方來降，應趕快把握機會，否則萬一很快分出勝負，冀州的力量將再次合而為一，那時候又不可對付了。

曹操認為有理，可是隔天卻又變卦，因為情勢不易判斷，而游疑不定。

辛毗見曹操面色有異，心知發生變化，急忙去找郭嘉，郭嘉請曹操拿定主意。

曹操召辛毗來，問：「袁譚可以相信嗎？袁尚可以攻克嗎？」

辛毗回答：「你不該問是不是有詐，而應該問形勢如何才有利。如今，袁譚轉而向你求援，說明袁譚的情勢已經窘迫到極點，而袁尚卻攻不下袁譚，說明袁尚已經力竭；這是老天要滅亡袁氏之時。你現在出兵攻擊鄴城，袁尚若不回軍相救，鄴城必不保；若回軍相救，袁譚一定在後面追擊。此時出兵，將得到最大利益。要曉得，四方的割據力量，沒有比河北（袁氏）更強大的了。河北平定，你的兵力可以加倍，將使天下震動。」

【原典精華】

操謂毗曰：「譚必可信，尚必可克不？」毗對曰：「明公無問信與詐也，直當論其勢耳。……今往攻鄴，尚不還救，即不能自守；還救，即譚踵其後。……今因其請救而撫之，利莫大焉。且四方之寇，莫大於河北，河北平，則六軍盛而天下震矣。」

——《資治通鑑．漢紀五十六》

曹操大軍北進，袁尚聽說曹操已經渡河，立即解除平原的包圍，回守鄴城。袁尚的部將呂曠、高翔，叛降曹操。袁譚立刻派人送印信過去給呂、高二將。曹操得到情報，知道袁譚並非真心歸順，而是借曹軍之力，接收冀州軍隊。可是他不說破，反而安排兒子曹整娶袁譚的女兒，以為拉攏。

60. 李孚——大膽騙過曹操兩次

袁尚對袁譚漸漸恢復實力，看得比曹操來襲更重，於是留下審配守鄴城，自己領軍又去攻擊袁譚。

曹操改變戰術，在鄴城四周挖掘壕溝，全長四十里。起初只挖了淺淺一道，步兵可以涉水而過，審配在城上望見，縱聲大笑，因而沒有出兵破壞。

但那是曹操故意鬆懈敵人心防的戰術。他暗中安排器械兵力，一夜之間，挖成一條寬二丈、深二丈，騎兵躍不過的河溝。然後引漳河之水注入，鄴城於是成為一個孤島，一粒米都進不去，城中發生饑饉，人民餓死的超過一半。袁尚得報，只得撤軍回救鄴城。

袁尚派主簿李孚設法穿透包圍圈，入城與審配連絡。李孚扮作曹軍軍官裝束，只帶著三名騎兵，在黃昏時分到達鄴城，自稱是「都督」，從北面循著圍城軍隊標誌，一路向東巡查，處處呵責圍城將士，見有犯規者，按曹軍軍令處罰。

就這樣，經過曹操大營前面，到了鄴城正南門。再次對圍城軍官大發雷霆，將他綑綁，下令兵士打開圍城工事。

李孚迅速奔馳到了城下，向城上呼喊，守軍垂下繩索，將李孚吊上。審配等看到李孚，悲喜交加，全城歡聲雷動，高呼萬歲。

圍城曹軍將此事報告曹操，曹操笑著說：「他還得出城，才算完成任務。能進城算他本事，看他怎麼出城？」下令嚴加檢查人員出入。

李孚當然知道，不能再用冒充的方法出城。他要審配集合城中老弱，全部驅逐出城，以節省糧食。曹軍嚴格檢查這批難民，不容李孚混在裡頭，忙得人仰馬翻，結果沒有查到奸細。

到了晚上，再選數千人，每人手持白旗，從鄴城南面三個門，分別出城投降。李孚和三名隨從，混在人群之中，乘夜突圍而去。

【原典精華】

孚斫①問事杖，繫著②馬鞭，自著平上幘③，將三騎，投暮詣鄴下。自稱都督，歷④北圍，循表⑤而東，步步呵責守圍將士，隨輕重行其罰。遂歷操營前，至南圍，當章門，復責怒守圍者，收縛之。因開其圍，馳到城下，呼城上人，城上人以繩引，孚得入。配等見孚，悲喜，鼓譟稱萬歲。

守圍者以狀聞，操笑曰：「此非徒得入也，方且復出。」孚知外圍益急，不可復冒，乃請配悉出城中老弱以省穀。夜，簡別數千人，皆使持白幡，從三門並出降。孚將三騎作降人服，隨輩夜出，突圍得去。

——《資治通鑑・漢紀五十六》

①斫：削。
②繫著：繫在身上。
③平上幘：當時（魏晉）武官流行的一種方巾。
④歷：經過。
⑤表：圍城柵欄的標記。

61. 陳琳——曹操不記舊恨

李孚進出鄴城，為袁尚傳達內外夾攻的戰略指令後，袁尚認為勝券在握，大軍直達鄴城郊外。

曹軍將領多半主張孫子兵法所說「歸師勿遏」，因為袁軍將士人人懷著回家之心，必將拚死奮戰。可是曹操持彈性看法，說：「袁尚如果從大道來，我們就避開；如果沿著西山而來，我們將可以一舉殲滅他。」——從大道來，無可迴避，士卒懷著援救家人之心，將不顧生死；沿著山邊而來，顯示袁尚有倚險自保之心，不是誓死犧牲的軍隊。一旦心懷僥倖，戰事稍不順利，就會奔逃敗散。

果然，袁尚大軍傍著西山南下，結果，城內城外相互觀望，不能同時出擊，被曹操先後擊退。袁尚無心再戰，要求投降，被曹操拒絕，兵團登時瓦解，袁尚逃往中山。

鄴城內人心疑懼，終於，東門守將開城納敵。曹軍進城，鄴城陷落，審配不屈而死。

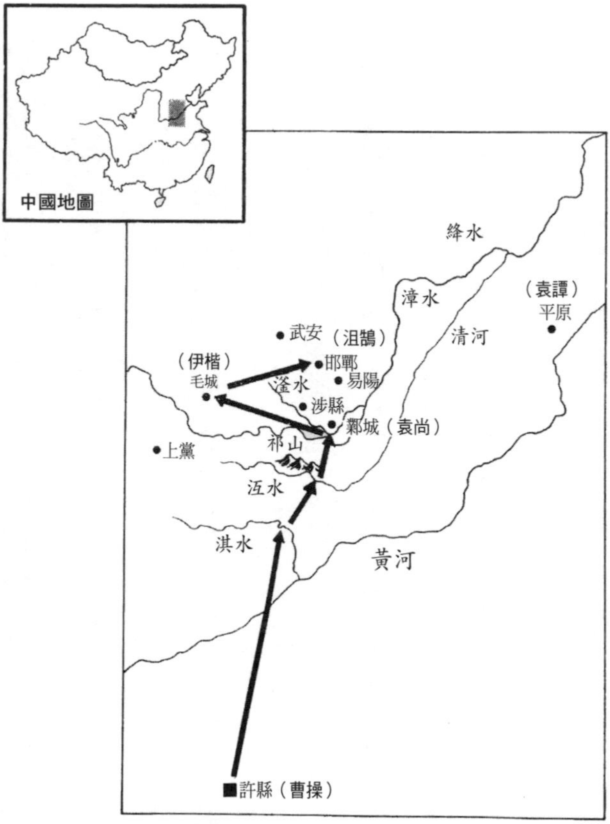

曹操追擊袁尚路線圖

袁譚乘此時機，背叛曹操，出兵奪取土地，攻擊袁尚所在地中山，袁尚逃往幽州，投奔袁熙。曹操調轉軍隊攻擊袁譚，就在陣前擊斬袁譚。而袁紹的外甥，并州刺史高幹則投降曹操。

郭嘉建議曹操，大量延聘青、冀、幽、并四州的知名人士為官員，以收攬人心。曹操採納，其中一位是陳琳。

陳琳早先在東漢朝廷任官，勸諫大將軍何進不要徵召董卓入京，不被採納，避禍冀州，後來成為袁紹的記室（文書官）。

袁紹起兵攻打曹操時，命陳琳草擬討伐曹操的檄文，陳琳下筆辛辣、文情並茂，先說曹操是「贅閹遺醜」（宦官養子的後代），又抹黑曹操設「發丘中郎將」、「摸金校尉」（暗示盜挖漢朝皇帝陵墓），將曹操塑造為「懷著豺狼野心的汙國害民」形象。

檄文傳布天下，當然也到了許都。三國演義有非常傳神的描述：

【原典精華】

時曹操方患頭風，臥病在床。左右將此檄傳進，操見之，毛骨悚然，出了一身冷汗，不覺頭風頓愈，從床上一躍而起，顧①謂曹洪曰：「此檄何人所作？」洪曰：「聞是陳琳之筆。」

——《三國演義．第二十二回》

鄴城破，陳琳歸降，曹操對他說：「你幫袁紹寫檄文，攻擊我本人就好了，為何辱及父祖！」陳琳說：「矢在弦上，不得不發啊！」曹操仍舊讓陳琳擔任記室。

①顧：回頭。

62. 田疇——曹操遠征烏桓

袁尚投奔袁熙，可是幽州將領焦觸起兵叛變，聯合諸郡太守、縣令一同投降曹操。袁熙和袁尚逃往遼西，投奔烏桓單于蹋頓。

曹操決定斬草除根，遠征烏桓。聯絡據守無終（今河北薊縣一帶）山區的獨立勢力領袖田疇，田疇決定加入曹操，囑咐門下整治行裝。

門下賓客問：「從前，袁紹仰慕你，曾經五度禮聘，你始終不肯去做官；而今曹操的使者才來第一次，你卻一副迫不及待的樣子，是什麼緣故？」

田疇笑著說：「這就不是你們能夠了解的了。」

【原典精華】

操遣使辟①疇，疇戒其門下趣②治嚴。門人曰：「昔袁公慕君，禮命五至，君義不屈；今曹公使一來，而君若恐弗及者，何也？」疇笑曰：「此非君所識也。」

——《資治通鑑．漢紀五十七》

田疇沒說，但意思很明白：袁紹不是能成大功、立大業的人，不必加入敗方；但曹操是能平定天下的人，所以趕快加入。田疇的眼光可以比擬諸葛亮，他不加入袁紹，猶如諸葛亮不加入劉表。

當時正逢盛夏，大雨不止，大軍因泥濘進展緩慢。曹操請教田疇怎麼辦，田疇說：「這一條大道，夏秋兩季事實上無法通行。有一條古道，出盧龍塞，穿過柳城，通平岡，已經荒廢將近二百年，但仍有殘跡可尋。烏桓認定我們必自無終前進，當無法前進時，就自

①辟：徵召做官。
②趣：音義同「促」。趣治嚴：嚴厲的催促整裝。

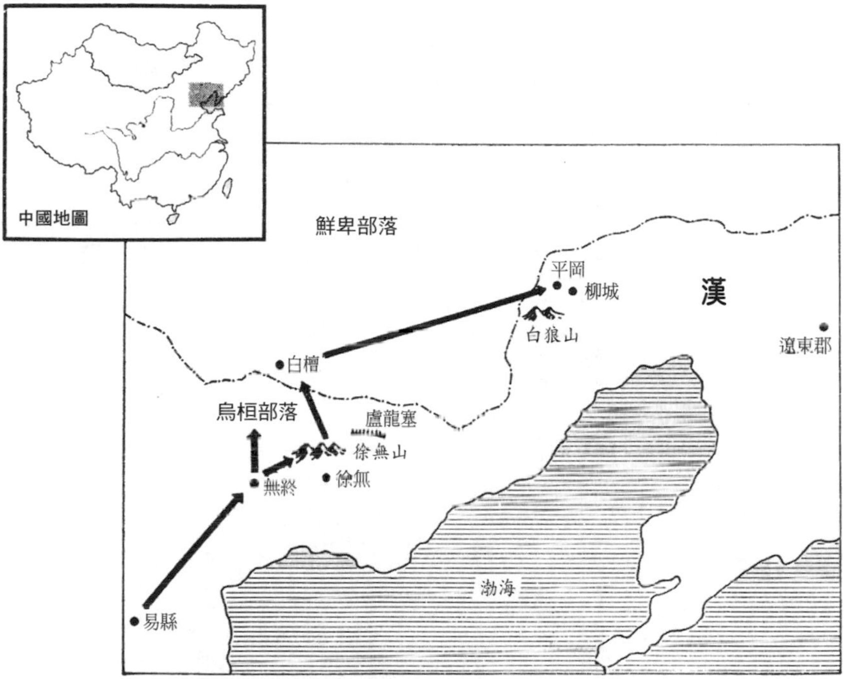

曹操突襲烏桓路線圖。

然撤退，所以戒備鬆弛。

「我們如果假裝沮喪，對外宣稱撤軍。卻從盧龍塞，翻越白檀險阻（大約今長城古北口一帶），就可直接進入烏桓後方的空虛之地。趁敵方毫無防備，可以不費力就生擒蹋頓。」

曹操對這個戰略大為欣賞，在大道兩旁樹立看板，告知老百姓：「且等秋冬再進軍。」烏桓斥候回報，以為曹軍就此撤退了。

田疇帶領他的部眾擔任嚮導，攀登徐無山，逢山開路，遇谷搭橋，穿越五百里山間古道，由白檀到平岡，曹操大軍集結，直撲柳城，與烏桓諸部聯軍展開激戰，烏桓軍崩潰，蹋頓及多名「王爺」陣亡，俘虜二十餘萬人。

遼東單于速僕丸帶著袁尚、袁熙，投奔遼東太守公孫康（公孫度之子）。曹軍將領多半主張乘勝追擊，曹操說：「不必。我等著公孫康將袁尚、袁熙的人頭送來。」

果然，公孫康埋伏軍隊，殺了袁尚、袁熙與速僕丸，三顆人頭一併送給曹操。

63. 徐庶——劉備三顧茅廬

曹操北伐烏桓時，劉備建議劉表出兵許都襲取天子，劉表沒有接受。（註：劉備原本在袁紹陣營，袁紹兵敗後，劉備投奔荊州，依附劉表。）等曹操凱旋回到許都，劉表才對劉備說：「沒聽你的話，失去了大好機會。」

劉備說：「如今天下四分五裂，每大都有戰爭，機會多的是，豈會不再？只要能抓住下一個機會，不必遺憾失去上一個！」然而，劉備私下卻為髀肉復生（大腿上長了贅肉），心生悲哀，為之流涕。

劉備在荊州，四處尋訪人才。荊州有一位名士司馬徽，外號「水鏡」，素有識人之明（水鏡，意指如以水為鑑之明）。劉備去拜訪他，請教本地有何等人才。司馬徽說：「識得時務必須是俊傑之才，這裡有伏龍和鳳雛！」潛伏的龍和幼小的鳳，意指尚未出山的絕世人才。

劉備再問：「誰是伏龍、鳳雛？」

司馬徽說：「諸葛亮和龐統。」

劉備很器重一位人才徐庶，可是徐庶事母至孝，而母親被曹操軍隊俘虜，因此他迫不得已，去許都見曹操。曹操放了他母親，將徐庶留在許昌做官。

徐庶臨行向劉備說：「諸葛亮是一條臥龍，將軍願不願意跟他見面？」

劉備之前已聽司馬徽提及，這下當然願意，說：「請你陪他一起來。」

徐庶說：「這個人只能你去拜訪他，他不可能來晉見你。將軍最好是親自登門拜訪。」

劉備於是親自拜訪，去了三次，才見到諸葛亮。

【原典精華】

庶謂備曰：「諸葛孔明，臥龍也。將軍豈願見之乎？」備曰：「君與俱來。」庶曰：「此人可就見①，不可屈致②也，將軍宜枉駕③顧之。」備由是詣④亮，凡三往，乃見。

——《資治通鑑．漢紀五十七》

【你沒讀到的三國】

劉備為什麼肯三顧茅廬？畢竟他曾經當過豫州牧、徐州牧、當時起碼也還是個縣令，而諸葛亮只是一個山野農夫。劉備為什麼肯「俛身枉顧」，而且顧了三次？

原因就在聽說：「諸葛亮自比管、樂」。管，就是管仲；樂，就是樂毅。管仲輔佐齊桓公稱霸天下，樂毅為燕昭王復國雪恥。

鮑叔牙向齊桓公推薦管仲時，說：「國君如果只以齊國為滿足，那用我鮑叔就可以了。如果想要稱霸諸侯，那非管仲不可。」

劉備如果不想稱霸天下，也就不必三顧茅廬了。可是劉備想煞了要稱霸天下，要雪恥復仇——這個農夫居然「自比管、樂」，肯定有兩把刷子，尤其是水鏡和徐庶都大力推薦他！

①就見：主動求見。
②屈致：委屈對方召來。
③枉駕：放低身段。
④詣：拜訪。

64. 諸葛亮——曠世戰略隆中對

劉備終於見到了諸葛亮，諸葛亮提出了「隆中對」：曹操擁有百萬大軍，並且挾天子以令諸侯，已經無人能將他打敗。孫權據有江東，人心歸附，賢才盡力，只能當作朋友，不能當作敵人。荊州處在高度戰略地位，可是領導人（劉表）不行，正是上天賞賜給將軍的資本。益州沃野千里，是天府之國，可是領導人（劉璋）更差，蜀中人士都期待一位英明的領袖。若能拿下荊州、益州，安撫境內蠻族，再跟孫權結盟，則可以完成霸業，劉室可以復興（劉備是劉姓宗氏）。

劉備聽了諸葛亮這一番大戰略，真是深得我心，對諸葛亮日益親近，言聽計從。兩個老弟兄關羽、張飛有些吃味，向劉備表達不滿，劉備對他們說：「我得到諸葛亮，猶如魚得到水一般。請你們不要再說了。」

【原典精華】

關羽、張飛不悅，備解之曰：「孤之有孔明，猶魚之有水也。願諸君勿復言。」

——《資治通鑑．漢紀五十七》

【你沒讀到的三國】

三國演義的讀者都能體會劉備「如魚得水」的心情，只有很少人想過：「水」等待魚的心情。

諸葛亮人在荊州，荊州是劉表的地盤。而諸葛亮其實是劉表的姻親：諸葛亮娶黃氏，岳父黃承彥在三國演義中出現二次：一次是劉備二顧茅廬時遇上，一次是引陸遜出八陣圖。黃承彥娶蔡氏，是劉表繼室蔡夫人的姊姊。簡單說：諸葛亮應該跟著老婆叫劉表一聲姨丈，而當時在荊州政府中掌權的蔡瑁，則是諸葛嫂的親舅舅。

有這樣的裙帶關係，諸葛亮又有大志、有大才，為何不在荊州大展身手一番？這就是「水」對「魚」的渴望了——水裡如果沒有生物，就是一灘死水。事實上，「水不在深，有龍則靈」，在諸葛亮眼中，荊州政府那幫人不過是魚蝦而已，劉備才是「龍」。

易言之，「水鏡」司馬徽的宣傳、徐庶的推薦，都是襄陽地區那一群「政治投資客」精心布局的一環又一環，而劉備則一步又一步的進入那個連環套，直到「如魚得水」。

但切莫把這個布局看成詐術、圈套。因為，諸葛亮有本事講出「隆中對」曠世戰略，而且他後來確實將之付諸實現了——這是真才與騙子的不同之處。

65. 甘寧——孫權擊斬黃祖

諸葛亮認為劉表和劉璋都不成氣候，跟他相同見解的，還有一位甘寧。

甘寧原本是益州巴郡一個不良少年幫派的頭頭，他帶著哥兒們招搖過市，手上持著弓弩，頭上戴著鳥羽，身上佩著鈴鐺，老百姓聽到鈴聲，就曉得「甘寧來了」！

二十多歲時，開始讀書，見天下大亂，機會大好，想要闖出一番事業。可是他愈看益州牧劉璋愈不順眼，於是帶領了八百多人，投奔劉表。在荊州待了一段時間，看出來，劉表也不是料，就打算投奔孫策。可是往吳郡的路上，是據守江夏的黃祖，於是甘寧先投奔黃祖。在黃祖手下三年，沒沒無聞。

孫權攻擊黃祖（報孫堅的仇），黃祖敗，吳軍校尉凌操急追，甘寧負責斷後，一箭射死凌操，黃祖才得逃生。可是回到江夏，黃祖待甘寧仍然一樣，並未重用。

終於機會來了，黃祖派甘寧出任邾縣令，甘寧乘機渡過長江，投奔孫權。周瑜、呂蒙一齊推薦，孫權於是對甘寧特別禮遇。

甘寧向孫權提出建議：「荊州掌握長江上流（湖北位居長江中游，但相對於東吳是上流），而劉表缺乏謀略，盼望你早日行動，不可以落到曹操之後。攻取荊州之後，再進一步規劃取巴蜀。漢室日益衰微，曹操遲早會篡位，將軍不必顧慮朝廷。」孫權同意。

當時張昭在座，提出反對：「吳郡民心還不穩，大軍若西行，恐怕後方發生變亂。」甘寧說：「主上將蕭何的重任託付給你，你負責留守後方，卻擔心變亂，怎麼向古人看齊呢？」

場面有點尷尬，孫權舉杯向甘寧敬酒，說：「興霸（甘寧字），我今年內一定起兵，就如這杯酒，全部交給你了。你只管擬定方略，只要能消滅黃祖，立下大功，何必在乎張長史幾句話！」

【原典精華】

張昭時在坐，難曰：「今吳下業業①，若軍果行，恐必致亂。」

寧謂昭曰：「國家以蕭何之任付君，君居守而憂亂，奚以希慕古人乎？」

權舉酒屬寧曰：「興霸，今年行討，如此酒矣，決以付卿。卿但當勉建方略，令必克祖，則卿之功，何嫌張長史之言乎。」

——《資治通鑑。漢紀五十七》

孫權依甘寧所擬戰略攻擊黃祖，大勝，黃祖陣亡，甘寧乃成為東吳主將之一。然而，甘寧之前射死凌操，凌操的兒子凌統也是東吳將領，常常要找機會報父仇。孫權一邊阻止凌統，一邊將甘寧派駐外地。

①業業：紛紛。意指孫策死後，人心尚未穩定。

66. 劉琦——劉表死，荊州降

孫權擊斬黃祖，曹操也發動對荊州的軍事行動。與此同時，荊州內部發生了大變化。

荊州牧劉表有兩個兒子：劉琦、劉琮，劉表的續弦蔡夫人無子，可是她的姪女嫁給了劉琮，因此蔡夫人喜愛劉琮，而排斥劉琦。蔡夫人的弟弟蔡瑁與劉表的外甥張允在荊州政府中掌權，他倆跟蔡夫人同一陣線。

劉琦發現他的處境日益險惡，深為不安。就去拜訪諸葛亮，請他指點迷津，可是諸葛亮明白，四處都是蔡瑁的眼線，他絕對不想被捲進奪嫡鬥爭，因此總是閉口不言。

有一天，劉琦邀請諸葛亮登上高樓，兩人上了樓以後，劉琦命人抽去樓梯，對諸葛亮說：「現在上不接天，下不著地，話出自你口，入我一人之耳，你可以放心說了吧。」

諸葛亮說：「你難道不記得，申生留在國內遭到危害，重耳流亡在外乃得安全嗎？」

劉琦頓時開悟，找機會離開襄陽。

【原典精華】

乃共升高樓，因令去梯。謂亮曰：「今日上不至天，下不至地，言出子口，而入吾耳，可以言未？」亮曰：「君不見、申生在內而危，重耳居外而安乎？」琦意感悟，陰規出計①。

——《資治通鑑．漢紀五十七》

諸葛亮說的，是春秋時代的故事。晉獻公娶驪姬，生子奚齊，驪姬想要立奚齊為太子，因此千方設計陷害太子申生，終於逼得申生自殺。而公子重耳因為戍守外地，乃得出奔國外，後來回到晉國，當了國君，就是春秋五霸之一的晉文公。

諸葛亮作了貼切的比喻，劉琦乃決定效法重耳。剛好黃祖戰死，劉琦趕緊向老爸提出，自願前往駐守江夏，老爹劉表大喜，立即發表劉琦為江夏太守。

①陰：暗中。規：規劃。陰規出計：暗中規劃如何脫出襄陽。

不久，劉表病重，劉琦回襄陽探病，蔡瑁、張允當然不容許在這個關鍵時刻，再生變化。就告訴劉琦：「你的父親叫你鎮守江夏，責任何等重大，你居然擅離職守，貿然來襄陽！給你父親看見，一定非常生氣，萬一心情不好，加重了病情，可不是孝順之道。」將劉琦擋在房門外面，不讓他進去，劉琦痛哭流涕告辭。

劉表的病愈來愈重，終於去世。蔡瑁、張允擁護劉琮繼任荊州牧，而將劉表的爵位印信，送去江夏。劉琦氣得將印信擲向地上，計劃起兵攻向襄陽。

可是不等他出兵，劉琮已經投降曹操。

67. 趙雲——長坂坡救阿斗

劉琮派人將漢獻帝頒發的荊州牧符節，送去給曹操，以示向朝廷歸順。

當時，劉備駐軍樊城，與襄陽只隔一道漢水（襄樊是一個雙子城），但劉琮卻不敢告訴劉備，直到曹操大軍已經到達宛城，劉備才發覺。

劉備緊急召集軍事會議，有人主張攻擊劉琮（襄陽），可是劉備否決，說：「若如此，死了有何面目見劉表？」於是率眾向南逃命。經過襄陽城時，向城頭呼喚劉琮，劉琮不敢露面，但荊州人士有很多出城追隨劉備。大隊人馬經過劉表墳墓時，還去致祭一番。

這支隊伍包括軍隊與士人、平民，到當陽時，人數達到十餘萬，輜重車數千輛，行動遲緩，每天只能前進十餘里。劉備見這樣不是辦法，命關羽率領水軍數百艘，將糧草、輜重順漢水而下，約定在江陵會合。

有人向劉備建議：「行軍必須迅速，才能盡快到達江陵，部署防禦。現在的情況，有鎧甲的戰士太少，如果曹操大軍追及，如何抵禦。」他的意思是，不能帶著老百姓與軍隊一同走。

劉備說：「創立大業，人民是根本，他們追隨我，我怎麼忍心拋棄？」

曹操也知道，江陵儲存大量糧秣武器，他不容劉備得到。於是將輜重留下，揀選精銳騎兵五千人，加緊追趕，一日一夜，奔馳三百里！（對比劉備的亡命大軍，一天才十餘里。）

終於，曹軍的騎兵在當陽、長坂之間，追上了流亡大軍，立即展開攻擊。

劉備的十餘萬軍民混雜大隊瞬間崩潰，劉備跟諸葛亮、張飛、趙雲等，在數十名騎兵護衛下逃走，可是妻子兒女卻走失了。

張飛率二十餘人斷後，據守河岸，拆除橋樑，在馬上橫矛怒瞪，大吼說：「我就是張飛，有種的，上來決一生死。」這股氣勢壓倒了曹軍，沒有人敢逼近。

倉皇奔逃中，有人向劉備報告：「趙雲向北逃走。」（向北，意指投降曹操。）

劉備將手戟擲向報告人，說：「子龍（趙雲字）絕不會拋棄我。」

過一會兒，趙雲追了上來，懷中抱著劉備的兒子劉禪——也就是劉阿斗。

【原典精華】

或謂備：「趙雲已北走。」備以手戟擿①之曰：「子龍不棄我走也。」頃之，雲身抱備子禪，與關羽船會。

——《資治通鑑．漢紀五十七》

趙子龍救回了阿斗，可是江陵卻去不了了。劉備與關羽的船隊會合，渡過沔水，前往江夏與劉琦會合。

①擿：音義同「擲」。

68. 孫劉聯手抗曹

東吳這邊，對上游的變化，非常敏感。劉表逝世時，魯肅第一時間向孫權建議：「劉表剛死，兩個兒子內鬥。劉備是個梟雄，寄居荊州，劉表對他始終懷有戒心。如果劉備能跟劉表的繼承人同心合力，我們就應該跟他們締結友好關係，如果他們之間不能合作，則我們應另做打算。無論如何，此刻都應該去荊州弔喪。我志願擔任這個任務，並說服劉備，安撫劉表部眾，團結抵抗曹操。如果不趕快前往，恐怕落在曹操之後。」

魯肅是第一個提出「鼎足天下」戰略觀的人，他當時並不曉得，南陽出了個諸葛亮，提出了「隆中對」。而他晝夜兼程趕路，卻在半路接到劉琮歸降曹操的消息。

於是他更改路線，在當陽、長坂迎上了敗退的劉備。魯肅提出他的意見，劉備當然表示歡迎，於是進駐樊口，與夏口的劉琦結成犄角之勢。

魯肅必須回去覆命，而曹操已經攻取江陵，大軍隨時順江而下。諸葛亮向劉備請纓：

「形勢危急，請派我前往向孫權求援。」於是與魯肅一同東行。

諸葛亮在柴桑晉見孫權，說：「將軍如果能以吳越之眾，與曹操抗衡，就應早一點表明態度；如果不能，何不收起武器、卸下鎧甲，投降曹操？如今的情況，將軍表面上服從朝廷，內心卻三心二意，緊急時刻卻無決斷，人禍隨時臨頭。」

孫權吐他的嘈：「那劉豫州（仍稱劉備的豫州牧頭銜）為何不投降曹操！」

諸葛亮說：「劉豫州是劉姓皇室血胄，具有蓋世英才，天下士人對他傾心，如百川歸向大海。即使大事不成，只能說是天意，怎麼可能屈身曹操之下！」

這一招激將法大為收效，孫權勃然大怒，說：「我又怎麼可能將整個東吳土地，十萬大軍，拱手奉送，去受人控制！我決心已定，跟劉豫州一同抗曹。可是，劉豫州新近遭到挫敗，怎麼擋得住曹操？」

諸葛亮說：「劉豫州雖敗於長坂，可是加上關羽的水軍，還有精兵萬人，劉琦的江夏部隊也不下一萬人。曹操大軍遠來疲憊，他追擊劉豫州時，輕騎一日一夜急行軍三百餘里。這正所謂曰：『強弩之末，勢不能穿魯縞』，犯了兵法大忌，肯定會損失大將。況且北方軍隊不熟悉水戰，荊州雖有水軍，但荊州軍民對曹操並不心服。將軍只要派出猛將，跟劉豫州同心協力，一定可以擊破曹軍。曹操一旦兵敗，必定向北撤退，回到許昌，如此則荊州與東吳的勢力茁壯，鼎足之分的形勢就奠定了。成敗之機，就在今天決定，請勿再猶豫！」

【原典精華】

亮說權曰：「……若能以吳、越之眾與中國抗衡，不如早與之絕；若不能，何不按兵束甲①，北面②而事之！今將軍外託服從之名，而內懷猶豫之計，事急而不斷，禍至無日矣！」

權曰：「苟如君言，劉豫州何不遂事之乎！」

亮曰：「……劉豫州王室之冑，英才蓋世，眾士慕仰，若水之歸海。若事不成，此乃天也，安能復為之下乎！」

權勃然曰：「吾不能舉全吳之地，十萬之眾，受制於人。吾計決矣！……」

亮曰：「……曹操之眾，遠來疲敝，聞追豫州，輕騎一日一夜行三百餘里，此所謂『強弩之末勢不能穿魯縞③』者也。」

——《資治通鑑。漢紀五十七》

說是決心已定，可是曹操八十萬大軍已經集結，東吳又有多少兵力可以抗衡呢？又由誰來領軍呢？

①按兵束甲：放下武器，收起戰甲。
②北面：面向北方，臣服之意。
③縞：魯地出產的綢緞，工細而質輕。

69. 周瑜——東吳的主戰將領

孫權決心抗曹，可是東吳的臣子卻毫無信心。

曹操寫了一封信給孫權，說要「親率八十萬大軍，跟將軍你『會獵於吳』」。這是什麼意思？吳是孫權的地盤，帶了大軍到人家地盤上打獵，那不是侵門踏戶嗎？

東吳眾臣推張昭發言：「曹操挾天子以征討四方，我們跟他對抗，在名分上就矮了一截。而我們唯一的屏障是長江，曹操既已取得荊州，長江天險已不可恃，形勢強弱，兵力多寡，至為明顯，我主張迎接曹操，歸順朝廷。」

魯肅在現場，不發一語。趁孫權上廁所的機會，魯肅追到走廊上，對孫權說：「那些傢伙只會誤將軍的事。要曉得，我魯肅可以降曹，多半還有官可以做（那些人也是）；可是將軍若迎曹，要到哪裡安身？」

魯肅建議孫權，召回在鄱陽湖練水軍的周瑜，共商大事。周瑜回到吳郡，對孫權說：

「曹操名義上是漢朝宰相，其實是漢朝的奸賊。將軍繼承兄長的基業，擁有江東數千里土地，軍隊精良，糧秣充實，自當橫行天下，為漢朝除去汙垢（指曹操）。如果曹操親自前來送死，豈可反而迎接他呢？……請撥給我數萬精兵，進駐夏口，我負責擊破來敵。」

孫權說：「我與老賊勢不兩立。你主張主動出擊，正合我意，是上天將你賜給我的！」抽出佩刀，砍向桌案，說：「文武官員哪個再說迎接曹操，有如此案！」

【原典精華】

瑜至，謂權曰：「操雖託名漢相，其實漢賊也。將軍以神武雄才，兼仗父兄之烈，割據江東，地方數千里，兵精足用，英雄樂業，當橫行天下，為漢家除殘去穢；況操自送死，而可迎之邪？……瑜請得精兵數萬人，進住夏口，保為將軍破之！」權曰：「……孤與老賊勢不兩立，君言當擊，甚與孤合，此天以君授孤也。」因拔刀斫前奏案曰：「諸將吏敢復有言當迎操者，與此案同！」

——《資治通鑑．漢紀五十七》

三國志作者陳壽藉著周瑜的口，說出「曹操名為漢相，實為漢賊」這句名言，這是他的「春秋之筆」，或說他在史書中偷藏的「暗箭」。陳壽原本是蜀漢的官，後來劉阿斗歸順晉朝，陳壽成了晉朝的官。晉是篡魏而來，因此陳壽著三國志以魏為正朔，大處必須稱曹操為「武帝」，只能在這種角落「放暗箭」。

70. 黃蓋——赤壁大戰第一功

劉備駐軍樊口，每天都派人去江邊，向東眺望孫權「大軍」到來。

終於，看見了！斥候飛奔報告，劉備派人前往勞軍。周瑜說：「軍令在身，不能擅離崗位，倘若大駕能委屈前來，竭誠盼望。」

劉備於是乘上小艇，上了周瑜的旗艦，問：「周郎此來帶了多少人馬？」

周瑜說：「三萬人。」

劉備說：「可惜太少。」

周瑜說：「夠了，豫州且看周瑜破敵！」

劉備請召喚魯肅前來會晤，周瑜說：「他同樣軍令在身，不能擅離崗位。若想見他，請去他的座艦！」

劉備聞言，深為「愧喜」。

【你沒讀到的三國】

劉備「愧」的是自己要求召喚魯肅反而被嗆，「喜」的是周瑜治軍嚴整。——這是史學家胡三省注解資治通鑑的觀點。

這一段看到的是，一個完全沒把劉備放在眼裡的周瑜。同時也是一個沒把曹操八十萬大軍放在眼裡的周瑜。

周瑜不是一個狂妄之徒，他應該已經胸有成竹。基本上，他已經決定在長江上跟曹操決戰，而「水軍三萬」兵力不遜荊州水軍。

而劉備的「喜」，可能還有更深一層——周瑜只有水軍，若周瑜水軍打贏了，劉備的陸軍可以盡情「割稻尾」矣！

周瑜進駐赤壁，與曹軍小有接觸，曹軍不利，退回長江北岸烏林（今湖北省洪湖市），周瑜軍駐南岸，與曹軍隔江相對。

周瑜部將黃蓋獻策：「敵眾我寡，不宜僵持。曹操船艦以鐵鍊連鎖，首尾相接，我們可以用火攻。」

於是集結「蒙衝」（戰艦船型名）十艘，船艙中滿載乾燥蘆草和木柴，澆上油，每艘船尾都繫上「走舸」（快艇）。事先，黃蓋派人送信給曹操，詐稱要投降。

突擊發動時，東南風正急。黃蓋命十艘戰艦先駛往江心，升起篷帆，其他艦艇則在後跟進。曹營官兵湧出營寨，指指點點，歡聲雷動，認為東吳將士投誠來歸。

黃蓋帶頭，十艘「油艦」駛到距曹操水軍約二里時，各艦同時引火。東吳軍士換乘「走舸」脫身，「火艦」則衝向曹軍。風助火勢，船行疾如流星，直衝入曹軍連環艦隊，江上頓成一片火海，延燒到岸上陸軍營寨。頃刻間，火　濃煙直沖上天，人馬或被燒死，或墮入長江溺死，哭號震天，死傷不計其數。

【原典精華】

時東南風急，蓋以十艦最著前，中江舉帆，餘船以次俱進。操軍吏士皆出營立觀，指言蓋降。去北軍二里餘，同時發火，火烈風猛，船往如箭，燒盡北船，延及岸上營落。頃之，煙炎張天，人馬燒溺死者甚眾。

——《資治通鑑．漢紀五十七》

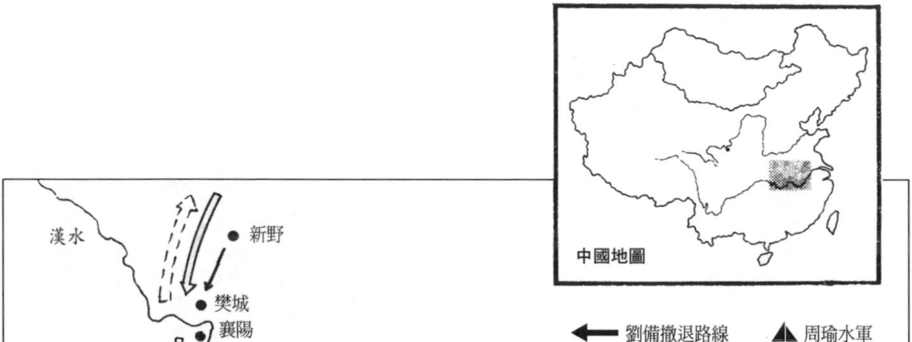
中國地圖
劉備撤退路線
曹操進軍路線
曹操敗退路線
周瑜進軍路線
周瑜水軍
曹操水軍
關羽水軍
漢水
新野
樊城
襄陽
長坂
當陽
夷陵
漢津
江陵
華容
烏林
赤壁
沙羨
夏口
黃岡
樊口
鄂城
長
江
柴桑

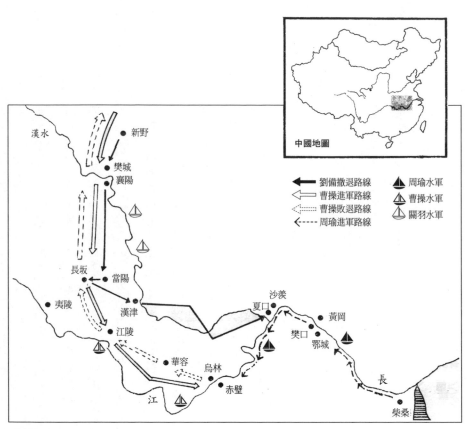

赤壁之戰示意圖

周瑜領著輕裝艦艇隨後趕到，戰鼓雷鳴，震動天地。曹操大軍剎時崩潰，曹操無法控制局面，率領殘軍，抄華容狹徑向西逃走。沿途泥濘不堪，又突然颳起狂風。曹操命老弱殘兵身負野草，在隊伍前鋪路，騎兵才勉強通過，通過時，為他們開路的老弱殘兵，或被踐踏，或陷入泥漿，死亡不計其數。

這時候，劉備的陸軍加入追擊，一直追到南郡（江陵），取得荊州南方四郡（武陵、長沙、桂陽、零陵，都在長江南岸，也就是今湖南省），上表（其實是自封）劉琦為荊州刺史，算是取得了半個荊州為根據地。

曹操本人奔回許都，留曹仁、徐晃守江陵，樂進守襄陽。周瑜渡江，擊敗曹仁，取得荊州江北三郡，曹仁勉強守住襄陽（南陽郡），荊州八郡此時分屬三家。

【你沒讀到的三國】

史書與文獻都將這一場大戰稱為「赤壁之戰」。然而，赤壁在長江南岸，而戰鬥發生在北岸的烏林，因此有人主張，這場戰役應該正名為「烏林之戰」。

71. 蔣幹——襯托周瑜的配角

孫權進一步拉攏劉備，把妹妹（小說中名字叫孫尚香）嫁給劉備，兩人年紀相差二十多歲（劉備大孫權二十一歲）。這位孫小妹有著兩個哥哥的英雄氣概，侍婢一百餘人，個個手執兵器，在旁侍候。劉備每次進入內宅，都忐忑不安。

周瑜並建議，將荊州的江南四郡「借」給劉備（事實上劉備已實質佔領）。這個消息傳到許都，曹操正在吃飯，聞訊一驚，手中的筷子掉在地上——鼎足之勢於是形成，曹操從此必須兩面作戰！

曹操派出密使蔣幹，前往遊說周瑜。蔣幹以辯才聞名當世，「江、淮之間無人能及」。

蔣幹換上布衣，頭戴葛巾，一副平民裝束，聲明純以私人情誼拜訪老友。周瑜親自到營門外迎接（跟他對待劉備的公事公辦撲克嘴臉大不相同），對蔣幹說：「好久不見啊！你不辭千里而來，莫非是當曹操的說客？」

周瑜陪著蔣幹參觀營區，甚至帶他去看倉庫、糧秣、武器，然後設下筵席，歡宴佳賓。席間向蔣幹說：「大丈夫生在當世，遇到知己的領袖，外在是君臣，是長官部屬關係；內在卻情同骨肉，言聽計從，有福同享，有難同當。縱使蘇秦、張儀（二人是戰國時代口才最利的角色）再世，又豈能動搖我的忠心！」

蔣幹聽得只能陪笑，插不上話。回到許都，向曹操報告，「周瑜不可能被離間」！

【原典精華】

（周瑜）因謂幹曰：「丈夫處世，遇知己之主，外託君臣之義，內結骨肉之恩，言行計從，禍福共之，假使蘇、張更生①，能移其意乎！」幹但②笑，終無所言。還白操，稱瑜雅量高致，非言辭所能間也。

——《資治通鑑．漢紀五十八》

①更：讀音「耕」，再次。更生：重生、再世。
②但：只能。

【你沒讀到的三國】

周瑜宴請蔣幹時，有一侍女琮兒，在旁邊拂琴助興，曲藝超妙。

蔣幹詫異，周瑜治軍嚴謹，軍中怎麼會有女樂？才知道，這個琮兒是小喬的陪嫁婢女，天生是個啞吧，不可能洩露軍情。

蔣幹說：「聽人家說『曲有誤，周郎顧』，周郎既有此佳音，想必不再有顧曲之慮了！」

周瑜精通音律，樂隊若有彈奏錯誤，他會為之回頭（有責備之意），是所謂「曲有誤，周郎顧」的由來。而蔣幹所言是雙關語：一方面稱讚琮兒曲藝精湛，一方面暗指「不會有洩密後顧之憂」。

而蔣幹對曹操說，周瑜雅量高致，「雅量」就是指周瑜多才多藝，「高致」才是指他對孫權的忠誠。

無論如何，周瑜都不是三國演義中描繪的，那個氣量狹窄的周瑜。而蔣幹也不是丑角，只不過，他只是襯託周瑜的配角而已。

72. 呂蒙——士別三日，刮目相看

周瑜文武全才，可惜天妒英才。他知道自己有病，仍然向孫權提出：「曹操遭逢大挫敗，短期內不可能對南方採任何行動。我請求與孫瑜（孫權的堂兄）一同西征，奪取益州、併吞張魯（漢中），然後留孫瑜鎮守益州，讓他跟涼州的馬超結盟，鞏固西方。我則回駐荊州（江陵），進軍襄陽，向曹操施壓，北方大有可為。」

孫權批准，可是周瑜卻在由建康返回江陵途中病危，上書推薦魯肅代替他的職位，之後在巴丘逝世。

孫權得報，痛哭，說：「周瑜有輔佐帝王的才能，卻卒然逝世，我將依靠何人？」親自西上奔喪，迎回周瑜的棺柩。

孫權重新部署兵力：魯肅接替周瑜的統師職位，兼任漢昌太守，駐軍陸口；程普擔任江夏太守，並接受魯肅的建議（之前周瑜已經建議），將荊州江北三郡借給劉備。

魯肅充分貫徹他的戰略主張：鼎足三分。因此，讓劉備擁有足夠的實力，成為「第三足」。

魯肅不像周瑜有旺盛的企圖心，可是魯肅絕不私心攬權。他接替周瑜職位的同時，就安排好了自己的接班人——呂蒙。

呂蒙十六歲就跟姊夫從軍，累積戰功成為將軍。孫權曾對呂蒙說：「你現在是將領了，不可以不讀書。」

呂蒙說：「不是我不讀書，實在是軍中事情太多，沒時間讀書。」

孫權說：「我又不是要你去當博士，只是希望你知道從前發生過什麼事情，就夠了（顯然要他讀歷史）。如果說沒有時間，誰能比我更忙？我仍然常常讀書，自己感覺大有裨益。」呂蒙這才開始求學。

魯肅赴任，經過尋陽，與呂蒙交談，大為吃驚，說：「你現在的見識、才智，已經不是當年的吳下阿蒙了喔！」

呂蒙說：「士別三日，就該刮目相待。大哥你太久沒見到我了！」

【原典精華】

及魯肅過尋陽，與蒙論議，大驚曰：「卿今者才略，非復吳下阿蒙！」

蒙曰：「士別三日，即更刮目相待，大兄何見事之晚乎！」

——《資治通鑑．漢紀五十八》

魯肅於是拜見呂蒙的母親，與呂蒙結為好友，然後告辭。

73. 韓遂——涼州軍閥敗散

南方孫劉聯手，合作無間，曹操無心也無力南向，於是轉向西方。

關中當時的情況很複雜，董卓的西涼軍團在李傕、郭汜敗亡之後，名義上服從朝廷，實質上各自割據一塊地盤，形成一個不穩定的平衡狀態。

曹操命令鍾繇與夏侯淵討伐漢中張魯。漢中是關中南方的一個封閉盆地，夾在秦嶺、大巴山之間，進出交通主要靠棧道，也就是所謂「難於上青天」的蜀道。

曹操向漢中用兵，關中諸將一致認為是「聲東擊西」，目標其實是關中。於是，十部將領聯合叛變，共聚集了十萬人馬，扼守潼關，主力是韓遂與馬超。

事情大條了，曹操不得不親自出征。馬超英勇善戰，以龐大弓弩部隊發動攻擊，箭如雨下。曹操上船渡過黃河，水手都被流箭射死，許褚左手持馬鞍掩護曹操，右手撐篙，使船進入中流。曹軍校尉丁斐將供應大軍的牛馬（拉車及肉食都需要）統統放出，西涼軍隊紛紛搶奪牛馬，攻勢頓緩，曹操才安全渡過黃河。

曹軍渡河後，形勢改觀。馬超等屢次挑戰，曹軍堅閉營壘，完全不應戰。西涼諸將態度不穩，有人提議求和。曹操問賈詡對策，賈詡認為「可以假裝允許」，曹操問該怎麼執行？賈詡說：「離間。」曹操說：「了解！」（對話用字精簡，避免被聽到而洩露。）

曹操約韓遂在兩軍陣前見面。兩人從前是舊識，陣前兩馬相交，寒暄問候許久，沒有一句話談及軍事，只談兩人從前在長安的往事與共同老朋友，說到高興處，更拊掌歡笑。氣氛看來非常融洽，西涼軍中的胡人、秦人（關中人）漸漸圍上前去。曹操笑著對他們說：「你們沒見過曹操嗎？我也是個凡人，並沒有四隻眼睛兩張口，只不過智謀多了一些而已。」

交談結束，各自回陣。馬超等問韓遂：「你跟曹操談些什麼？」韓遂說：「沒談什麼。」馬超等因此起了疑心。

【原典精華】

（韓遂與曹操）交馬語移時①，不及軍事，但說京都舊故，拊手歡笑。時秦、胡觀者，前後重沓，曹笑謂之曰：「爾欲觀曹公邪？亦猶人也，非有四目兩口，但多智耳。」會見後返防，超等問遂：「公何言？」遂曰：「無所言也。」超等疑之。

——《資治通鑑．漢紀五十八》

過兩天，曹操又寫信給韓遂，卻故意落入馬超手中，信中塗改很多地方，似乎是韓遂改寫的。這下子，疑心愈發加重。

曹操估計，離間作用應該已經發酵，於是約定日期決戰。先以輕裝部隊挑戰，廝殺中，突然投入主力部隊，涼州各軍團相互猜疑，各自奔逃保持實力，聯合陣線剎時潰不成軍，馬超與韓遂逃奔涼州。

①移時：古時候以日影刻度計時，移時指日影移動相當時間。

74. 張松——劉備得蜀的貴人

之前曹操得到荊州時，益州牧劉璋為之緊張，派出別駕張松去向曹操祝賀示好。

張松個子短小，外貌不起眼，但思路敏捷，超過常人。可是，曹操當時滅了袁氏父子，荊州又兵不血刃得到，劉備落荒而逃，一連串的勝利沖昏了他的腦袋，沒有太搭理其貌不揚的張松。

曹營主簿楊修向曹操建議，將張松留在朝廷任官，被曹操否決。

【你沒讀到的三國】

這可能是唯一一次，看到曹操對一個人才視而不見。

已故薩孟武教授認為，曹操具備了開國君主最需的四個條件：求才如渴、惜才如命、揮金如土、殺人如麻。——並不是每位開國君主都具有這四個條件。

可是，曹操卻因為對張松的輕視，使得益州後來被劉備得去。天下「一統還是三分」，可能就決定在曹操當時的「下巴角度」上面！

當時尚在赤壁之戰前，曹操一心以為江南已在囊中，無暇顧及西邊的益州，也是原因。

張松返回益州，對曹操懷恨在心。乃建議劉璋拉攏劉備，劉璋同意，問：「派誰去好？」張松推薦法正。

法正跟張松私交很好，而他在益州不甚得意，見劉備時，劉備百般籠絡（諸葛亮在隆中對就鎖定益州，當然把握這個機會）。於是法正回到益州時，大力鼓吹與劉備結盟。私下法正對張松說：「劉備有雄才大略」，兩人乃密謀奉迎劉備。

等到曹操派兵攻打張魯的消息傳來。劉璋又緊張了，惶惶不可終日。

張松於是進言：「曹操的軍隊天下無敵，如果張魯像劉琮一樣獻出漢中，曹操得了張魯的軍隊，攻擊蜀地，怎麼擋得住？劉備與閣下同為漢室宗冑，他既能打仗，又跟曹操結下深仇（指赤壁大敗的恥辱），如果讓他去攻打張魯，張魯必敗。即使曹操大軍到來，也不能怎樣了。」

【原典精華】

松因說璋曰：「曹公兵無敵於天下，若因張魯之資以取蜀土，誰能禦之！劉豫州，使君之宗室，而曹公之深讎也，若使之討魯，魯必破矣。魯破，則益州強，曹公雖來，無能為也！」

——《資治通鑑．漢紀五十八》

劉璋完全同意張松的意見，派法正率四千人，前往迎接劉備。益州政府裡面還是有頭腦清楚的人，主簿黃權極力勸諫，劉璋不聽，將黃權逐出成都，去當廣漢太守。從事王累將自己頭下腳上，倒懸在成都城門，如此激烈的勸諫，劉璋一概不聽。

75. 龐統——劉備入蜀

法正到了荊州，向劉備表明效忠之意，說：「以將軍的才智與能力，應該利用劉璋的昏庸。張松是益州政府中的高官，有他為內應，萬無一失。」

劉備遲疑不決，這時，有一個人發言了，這人是跟諸葛亮齊名的龐統（水鏡先生司馬徽口中的「伏龍與鳳雛」）。他說：「荊州歷經戰亂，已經荒涼殘破，而東有孫權，北有曹操，發展空間都很小。只有西方的益州，戶口百萬，土地肥沃，物產富饒。如果能取來作為資本，大業可成。」

劉備說：「現在的敵人是曹操。曹操嚴厲，我寬厚；曹操殘暴，我仁慈；曹操詭詐，我忠信。我因為作風跟曹操相反，才得以成功。如果為了小利而拋棄信義，要如何面對天下？」

龐統說：「處亂世如果拘泥於單一原則，不可能安定天下。吞食弱小，兼併愚昧，逆取順守，這些行為一向受古人肯定。等到事情完成之後，可以封劉璋一個富庶的采邑，對大義有何虧欠？況且劉璋昏庸，今天我們不取，終會落入他人之手。」

【原典精華】

統曰：「亂離之時，固非一道所能定也。且兼弱攻昧，逆取順守，古人所貴。若事定之後，封以大國，何負於信？今日不取，終為人利耳。」

——《資治通鑑．漢紀五十八》

這番話說服了劉備，於是命諸葛亮跟關羽、張飛、趙雲留守荊州，劉備自己和龐統率步兵數萬人，進入益州。

劉璋命令沿途地方政府，提供劉備軍隊所需物資，因此，劉備進入益州之後，如遊子回到家鄉一般。

巴郡（今重慶市）太守嚴顏搥胸嘆息：「這不就是所謂『獨坐深山之中，放老虎自衛』嗎？」

劉備到了涪縣（今四川綿陽市），劉璋親率步騎兵三萬餘人，車輛裝飾華麗，精光耀目，前往迎接。

張松命法正通知劉備，就在會面時發動襲擊。劉備說：「這件事不可倉卒行事！」龐統說：「只有那個時機，可以不費一兵一卒，穩得一州之地。」劉備說：「我們進入他人之國，恩信未著，人心未附，不可如此。」

二劉會面，劉璋推舉劉備為大司馬，領司隸校尉；劉備推舉劉璋為鎮西大將軍兼益州牧（都是朝廷官銜，有了這個儀式，就可以「名正言順」討伐張魯）。雙方軍隊的將領、士卒，歡宴百餘日。然後劉備北上攻擊張魯，加上劉璋撥給的軍隊，共有三萬餘人。

劉璋則放心地回到成都。

76. 嚴顏——有斷頭將軍，無降將軍

劉備軍隊推進到葭萌關（在今四川廣元市），龐統又提建議：「現在可以採用上、中、下三策：上策是派出精兵，晝夜不停，加倍速度，直襲成都；中策是託言荊州發生狀況，必須回去處理，劉璋派在白水的將領必來相送，藉此機會擒住他們，然後進攻成都；下策是撤退到白帝，徐圖後進。如果困在這個地方，不可能長久。」（三策都不是要進攻漢中，存心欺騙劉璋。）

劉備同意「中策」，正好曹操大軍攻擊孫權，孫權向劉備求援。劉備乃以此理由向劉璋表示，要撤軍回荊州，向劉璋請求增加一萬軍隊及物資。

劉璋原本寄望劉備幫他平定張魯，如今大失所望，對劉備的需索，只答應撥付四千人和一半軍需物資。劉備遂以此為藉口，跟劉璋翻臉。

而在劉備表示要回荊州時，人在成都的張松聽到消息，以為是真的，急忙寫信給劉

備，說：「大事只欠臨門一腳，為何半途而廢？」張松的哥哥張肅，知道老弟的陰謀，唯恐一旦事發，牽連到自己，於是向劉璋告密，劉璋斬張松，下令各關隘防備劉備。

劉備於是不再遮掩，大軍直指成都，同時調諸葛亮率軍增援。諸葛亮帶張飛、趙雲西上，留關羽守荊州。

荊州軍攻陷巴郡，俘虜太守嚴顏。張飛叱責嚴顏：「大軍既到，你為什麼不投降？竟敢抵抗！」

嚴顏頂回去：「是你們違背義理，侵奪我益州。益州只有斷頭將軍，沒有投降將軍。」

張飛火了，命左右將他拉下去砍頭。

嚴顏面不改色，說：「砍頭就砍頭，你凶什麼凶！」

張飛對嚴顏的膽氣大為佩服，親自解開他的綑綁，請他上座為貴賓。

【原典精華】

飛呵顏曰：「大軍既至，何以不降，而敢拒戰……」顏曰：「卿等無狀①，侵奪我州。我州但有斷頭將軍，無降將軍也！」飛怒，令左右牽去斫頭。顏容止不變，曰：「斫頭便斫頭，何為怒邪！」飛壯而釋之，引為賓客。

——《資治通鑑・漢紀五十九》

【你沒讀到的三國】

嚴顏大義凜然，讀者莫不欽佩。可是，張飛為他解縛，又引為上賓之後，為何就跟張飛結為好友，且甘為劉軍將領呢？難道是「義」超過了「忠」？——那豈不是三國演義變成水滸傳了？

唯一的解釋是：劉璋實在太爛了。之前嚴顏就慨嘆「放虎自衛」，這下看清楚了，效忠劉璋實在太愚蠢，如今遇到張飛如此赤心相待，乃決定放棄劉璋。

①無狀：違背道義。

77. 劉璋——拱手讓益州

荊州大軍勢如破竹，一路進抵成都，與劉備會師，諸葛亮、張飛、趙雲都到了。遺憾的是龐統在雒城中流箭身亡（三十六歲），意外的是得到了一員虎將，馬超。

馬超在關中被曹操擊敗，與韓遂奔往涼州。曹操班師東返，馬超捲土重來，更聯絡漢中張魯，取得隴上（隴山之西，今甘肅南部）各郡縣，聲勢浩大。可是，不久之後，楊阜與姜敘反叛，雙方決戰，最終馬超大敗，向南投奔張魯，可是張魯卻不敢信任馬超，處處提防。

馬超也不敢信任張魯，逃出漢中，派人送信給劉備，請求歸降。劉備暗中交付給他一支軍隊，馬超領著這支軍隊，抵達成都，在城北紮營，城中以為漢中已經加入劉備，人心為之震動恐怖。

包圍成都十日後，劉備命簡雍入城游說劉璋。當時成都城中還有精兵三萬人，糧秣可

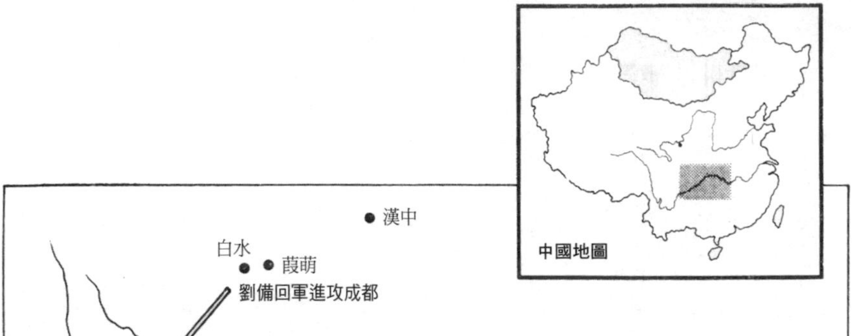
中國地圖
漢中
白水
葭萌
劉備回軍進攻成都
德陽
涪城
巴西
緜竹
雒城
成都
犍為
廣漢
白帝
巴東
秭歸
南郡
張飛軍北上
諸葛亮大軍西進
涪
江
江洲
趙雲軍西進
岷
江
（外水）
長江

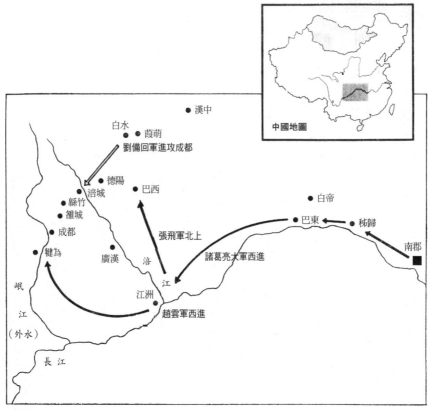

劉備取益州

支持一年，軍民士氣高昂，都願決一死戰（劉焉、劉璋父子雖然不是亂世英雄，卻愛民如子）。

可是劉璋公開表示：「我們父子在益州二十多年，對人民沒有特別恩德，如今已有三年戰亂，人民死在原野，屍體滋潤了野草，都只為了我劉璋，我的心怎麼能安！」於是大開城門，與簡雍同乘一車，出城投降，部屬與人民莫不感傷流涕。

【原典精華】

璋言：「父子在州二十餘年，無恩德以加百姓。百姓攻戰三年，肌膏①草野者，以璋故也，心何能安！」遂開城，與簡雍同輿出降，群下莫不流涕。

——《資治通鑑。漢紀五十九》

劉備進入成都，自兼益州牧。當初圍城時，他向全軍宣布：「城破之日，府庫所藏，我完全不取。」意思是分給所有軍士。因此，荊州官兵進入成都後，將府庫搜刮一空，卻

①膏：滋潤。

使得軍隊的薪餉發不出來，劉備深為憂慮。

西曹掾（統帥府行政官）劉巴建議：制定新錢，一錢當舊錢一百，同時控制物價不得上漲，命官員依官價，用舊錢兌新錢。數月之間，府庫充實。

劉巴原本是荊州士人，劉琮獻荊州，曹操聘劉巴為文書官，赤壁之戰後，劉巴投靠劉璋。劉璋要迎接劉備時，劉巴說：「劉備是一代奸雄，來了一定會害你！」劉備進入益州，劉巴又勸諫劉璋，反對撥軍隊給劉備，說：「不可把猛虎放回山林！」劉璋都不聽，劉巴乃閉門不出。

劉備進城，下令：「有敢傷害劉巴者，夷三族。」然後將劉巴擢升到高位，使得益州士人個個歸心。

78. 蔣濟——淮南人民附孫權

前章提到曹操攻打孫權，因此讓劉備放心傾力攻劉璋，只留關羽守荊州。

在此之前，呂蒙有先見之明向孫權建議：「在濡須口（源出巢湖，向東南注入長江的河口）兩岸建立水寨，萬一曹操大軍猝然壓至，來不及上船，可以進入水寨。」孫權採納，築「濡須塢」。

水寨才建好，曹操大軍就來了，步騎兵號稱四十萬。孫權親率七萬軍隊抵抗，僵持一個多月。

曹操看到孫權的船艦、軍隊嚴整，武器精良，讚嘆不已說：「生兒子就該像孫權這樣，劉表的兒子（指劉琮）跟他比，不過豬狗而已。」

孫權寫信給曹操：「春天已經到了，江河水位即將高漲，閣下還是早早回去吧！」另外附一張字條：「閣下不死，我不得安心。」

曹操見信，對諸將說：「孫權至少說的是真話。」下令撤軍。

【原典精華】

操見其舟船器仗軍伍整肅，歎曰：「生子當如孫仲謀，如劉景升兒子，豚犬耳！」權為牋與操，說：「春水方生，公宜速去。」別紙言：「足下不死，孤不得安。」操語諸將曰：「孫權不欺孤。」乃徹①軍還。

——《資治通鑑．漢紀五十八》

曹操班師，想要將長江沿岸郡縣老百姓遷往內地，詢問揚州別駕蔣濟：「我從前與袁紹在官渡作戰時，遷移燕、白馬等地居民，居民都肯配合；因此不受敵人劫掠。如今我想遷移淮南居民，你認為如何？」

蔣濟說：「那時候情況不同，我軍勢弱而敵軍強大，不遷移，必定落入敵人之手。然而，自從擊敗袁紹以來，閣下聲威震撼天下，人民對政府有信心，且人性安土重遷，因此必定不願離開家園。我擔心，強迫他們遷移，會造成不安。」

曹操執意要遷移居民，人民恐慌，爭相走告。結果，淮南地區十餘萬戶人家，都渡過長江，投奔江東，巢湖一帶為之空虛，合肥以南，只剩皖城還有居民。

蔣濟後來出差到鄴都公幹，曹操接見他，大笑說：「原本是為了避免人民落入敵方之手，想不到反而把他們驅趕到敵人那邊去了！」擢昇蔣濟為丹陽太守。（再次見識曹操不隱晦自己的過失，並獎勵幕僚大膽提出諫言的作風。）

①徹：同「撤」。

79. 曹操逼死伏皇后

東漢遷都鄴城之後，曹操得到「魏公」的爵位，仍兼丞相、冀州牧，更有十個郡的采邑，稱「魏國」。最重要的，是加九錫——這跟從前王莽篡漢之前的動作，幾乎是翻版。

魏國有自己的政府，設尚書、侍中與六卿，任命荀攸為尚書令，事實上決策都出自魏公這個小朝廷。

漢獻帝劉協其實是個聰明人，他曉得四周都是曹操的耳目，曹操隨時可以發動「禪讓」。於是他以退為進，有一次曹操上殿參見，獻帝就對曹操說：「閣下如果願意輔佐我，那感激不盡；如果不願意，求你開恩，留我一條生路。」曹操聞言，臉色大變，不停下拜，請求退出。出殿之後，回顧左右，汗流浹背，從此就不再朝見。

曹操將自己的三個女兒都送給漢獻帝為「貴人」（後宮一級），同時誅殺當時正懷孕的董貴人，這又是王莽的翻版。

伏皇后感覺到，下一個就輪到她了，大為恐懼，寫信給父親伏完，要他發動除曹。可是伏完膽小，想都不敢想，卻又不將信件銷燬。終於，信件外洩，曹操乃有了口實。

曹操命御史大夫郗慮「持節」（皇帝符節，其實是曹操授給），收繳皇后印信。郗慮是個忠厚長者，曹操怕他臨事無斷，派華歆為副手，帶兵進入皇宮，逮捕伏皇后。

伏皇后緊閉房門，躲到夾牆之中。華歆拆屋毀牆，將伏皇后強行拖出。

這時，漢獻帝坐在殿外，與郗慮坐著談話。伏皇后披頭散髮，光著腳，一面走一面哭，經過殿前，向皇帝哀求：「難道不能留我一命嗎？」

漢獻帝劉協說：「我自己都不曉得還能活到幾時啊！」轉頭問郗慮：「郗公，天下真有這種事情嗎？」郗慮不敢回應。

【原典精華】

后閉戶，藏壁中。歆壞戶發壁①，就牽后出。時帝在外殿，引慮於坐，后被髮②、徒跣③，行泣，過訣④曰：「不能復相活邪？」帝曰：「我亦不知命在何時！」顧謂慮曰：「郗公，天下寧有是邪？」

——《資治通鑑．漢紀五十九》

伏皇后被囚入暴室（宮廷看守所），處死；所生兩個皇子都用毒酒酖殺。曹操的女兒曹節乃得以立為皇后。

①發：挖開。壞戶發壁：拆掉門、挖開牆壁。
②被：音義同「披」。
③徒：不穿鞋。跣：音「顯」，足。徒跣：赤腳。
④訣：訣別。

80. 諸葛瑾——孫權討荊州

曹操當上了魏公，但他不能就此篡位，還有一個過程是封「魏王」。而魏公要升魏王，得立下新的戰功，他的目標指向張魯。

劉備已經得了益州，跟張魯處於緊張關係，然而一旦曹操取得漢中，肯定更緊張。正在思索要不要支援張魯之時，孫權卻來討荊州。

早先，周瑜、甘寧都曾建議孫權「取益州」，孫權也向劉備表示，有意先攻劉璋、再攻張魯。但劉備回信，說：「我跟劉璋同屬劉姓皇族，劉璋得罪閣下，我同感憂懼。實在不敢聽從你的計劃攻打劉璋，請寬恕！」

孫權不管（其實眼中沒有劉備），派孫瑜率水軍前往夏口。劉備的艦隊封鎖江面，不准孫瑜通過，命關羽駐軍江陵，張飛駐軍秭歸，諸葛亮駐軍南郡，自己駐軍公安，孫瑜只得撤退。

等劉備攻下了益州，孫權氣得破口大罵：「這狡猾的賊子，竟敢如此詐我！」

孫權忍下氣，派中司馬諸葛謹去見劉備，說：「你已經得了益州，荊州可以還來了吧！」（五年前魯肅建議將荊州借給劉備。）

劉備怎麼會將口中肥肉吐出，請諸葛瑾回覆孫權：「我正打算攻取涼州，等涼州平定，一定將荊州交還。」

孫權說：「這根本就是不想還！空口白話，企圖拖延時日罷了。」

【原典精華】

及備已得益州，權令中司馬諸葛瑾從備求荊州諸郡。備不許，曰：「吾方圖涼州，涼州定，乃盡以荊州相與耳。」權曰：「此假①而不返，乃欲以虛辭引歲②也。」

——《資治通鑑．漢紀五十九》

孫權決定來硬的，任命長沙、零陵、桂陽三郡（都在長江以南，湘水以東）太守與官員，派他們上任。可是關羽比他更硬，將這些官員全數驅逐。

孫權大怒，派呂蒙出兵，奪取三郡。劉備得報，從成都趕往公安，派關羽奪回三郡。孫權則進駐陸口，命魯肅率一萬人進駐益陽。

魯肅面對關羽，派人邀關羽面對面談判，雙方兵馬停留在百步之外，將領們只隨身攜帶佩刀。這一幕在三國演義中是「關雲長單刀赴會」，但實情是，魯肅並不孬種，還辯得關羽啞口無言。

就在這個時候，傳來張魯投降曹操的消息，劉備擔心益州情況，乃向孫權提議和解。孫權再派諸葛瑾擔任和談特使，雙方「中分」荊州，以湘水為界，呂蒙已攻取的三郡歸孫權，湘水以西歸劉備。

諸葛瑾是諸葛亮的親哥哥，可是他每次去談判，都只跟老弟在會議公開場合見面；會外從不私相會晤。

①假：藉口。
②引：拖延。引歲：拖延時日。

81. 司馬懿——曹操得隴不望蜀

曹操大軍討伐張魯，進抵陽平關，張魯的弟弟張衛率領數萬人固守關頭，沿山築城，長達十餘里。

如此防線令曹操難以下手，各軍進攻山上各城，山陡如削，無法攀登。士卒傷亡太重，糧秣接濟不上，曹操心情沮喪，打算切斷後路，班師而回。（楚漢相爭時，劉邦進入漢中，燒棧道以阻絕項羽可能追擊。如今曹操自漢中撤軍，打算切斷「後路」，跟劉邦是同樣意思，只是方向不同。）

曹操派夏侯惇、許褚傳喚山上部隊撤退，想不到，一支軍隊在夜中迷路，竟然闖入張衛軍隊的一個大營。敵人在黑夜中突然出現，該營剎時陷入驚恐，一時崩潰。

這支「奇兵」立即通知夏侯惇、許褚：「攻陷敵人重要據點，敵軍瓦解。」夏侯惇、許褚不相信會有這種事，親自前往察看，證實為真後，展開全面攻擊，張衛在黑夜掩護下逃走。

張魯聽到陽平關陷落，逃往巴中地區。左右打算縱火焚燒金銀財寶與倉庫中的糧食。張魯說：「我原本就有意歸順朝廷，財寶與倉庫都是國家所有。」將倉庫加上封條後撤退。

曹操進入南鄭（漢中首府，今陝西漢中市），對張魯的舉動深為嘉許，派人前往慰問。三個多月後，張魯投降，曹操以朝廷名義封他閬中侯，鎮南將軍。

丞相主簿司馬懿提出建議：「我們攻克漢中，益州人心必然震動，大軍趁勢進軍益州，他們必然瓦解。劉備此刻正在江陵跟孫權爭勝，這個時機不可失。」

曹操說：「人，最苦的是不知足。才得到隴地，難道還要看向蜀地嗎？」

【原典精華】

操曰：「人苦無足，既得隴，復望蜀邪！」

——《資治通鑑．漢紀五十九》

曹操這番話，是引用東漢光武帝劉秀的話。劉秀當時是詔令關中將領，攻取隴地（隴囂）之後，順勢南向進攻蜀國（公孫述）。」而曹操的意思是見好就收，跟劉秀相反。

曹操第一時間未採納司馬懿的建議。過了七天，蜀地有人前來投奔，說：「成都曾經在一天之內發生數十次驚擾，劉備不在，將領們雖然斬殺民眾以鎮壓，仍無法安定人心。」

曹操問劉曄：「現在再發動攻擊，可以嗎？」

劉曄說：「時機已失，如今人心應已安定，現在進攻，已經太遲。」

於是曹操班師回鄴都，漢中人民有八萬餘人跟隨軍隊遷移中原。（顯示蜀地人心尚未向著劉備。）

82. 張遼——勇將力守合肥

曹操居然「得隴而不望蜀」，實在不符合他的性格。事實上，他之所以遲疑，是對東方有顧慮，也就是孫權可能進攻合肥。

他的顧慮是對的。

先前孫權跟劉備爭南郡，曹操乃安心攻張魯，不必擔心東方。而劉備擔心曹操「得隴望蜀」，因而迅速與孫權和解，回到成都——曹操失去攻成都的時機，也就是劉曄所說「蜀地已安」，是指劉備主力已回到成都。

孫權呢？西邊（魯肅、呂蒙）跟劉備已和解，於是趁曹操還在西方，親率大軍十萬人，包圍合肥。

幸虧曹操在西征之前，曾有手令交付合肥護軍（軍區司令）薛悌，手令封口上寫著「敵人來時才拆開」。薛悌乃在孫權大軍來時拆開手令，令中：「如果孫權親至，張遼、李典出戰，樂進守城，薛悌不可參與作戰。」

【原典精華】

魏公操之征張魯也，為教①與合肥護軍薛悌，署函邊曰：「賊至，乃發。」及權至，發教，教曰：「若孫權至者，張、李將軍出戰，樂將軍守，護軍勿得與戰。」

——《資治通鑑．漢紀五十九》

薛悌出示曹操手令，可是諸將認為眾寡不敵，遲疑不決。

張遼說：「曹公遠征在外，如果要等援兵到來，敵軍已經攻破我們了。此所以手令要我們採取主動，在敵軍尚未集結完成之前展開攻擊，挫他們的銳氣，就能安定軍心，才守得住。」

樂進等人悶不吭聲，張遼大怒，說：「成敗之機，在此一戰。諸君如果膽小怕事，我單獨出馬！」

諸將之中，李典與張遼素不和睦，聞言慨然說：「這是國家大事，就看大家怎麼決定了。我豈可以私人恩怨而妨礙公義？我願隨閣下出擊。」

於是，張遼連夜募集敢死隊，挑選八百人，殺牛犒賞。天明，張遼披甲上陣，手持鐵戟，率先衝鋒陷陣，殺數十人，斬二員大將，口中大呼「張遼來也」，直衝孫權大旗。孫權遭突擊，一時驚慌失措，緊急奔上一座高丘，衛士持長戟團團圍住保護。

張遼在土丘下叫罵，要孫權下來決戰，孫權起先不敢動，後來漸漸看出，張遼兵馬不多，才下令聚集軍隊包圍張遼。張遼本人奮勇殺出重圍，部眾在包圍圈中呼喊：「將軍要拋棄我們嗎？」張遼翻身再殺進去，救出部眾。孫權人馬都不敢阻擋張遼，士氣全失。

張遼得勝回城，城內兵馬信心十足。孫權圍攻合肥城十餘天，無法攻克，只好撤軍。

張遼在城上，望見孫權大軍正在逍遙津北岸，熙熙攘攘要渡過黃河，親率步騎兵發動奇襲。

這一波攻擊又打得孫權猝不及防。甘寧與呂蒙聯手抵禦，凌統攙扶孫權脫離險境後，再回軍與張遼交戰，左右盡死，自己也受重創。

孫權騎著駿馬上了河橋，橋的南端已經垮陷，近衛猛烈鞭打馬屁股，駿馬遂一躍而登南岸，這才完全脫離險境。

---

①教：預先寫好的戰術指令。

【你沒讀到的三國】

曹操自己親征西方，留下的手令卻展現了他的知人善任能力：張遼、李典是勇將，所以要他們主動出擊；樂進周密負責，所以用他守城。至於薛悌，名字只有這裡出現，想必長於行政後勤，所以由他擔任軍區司令，但不要他作戰。

三國演義中，諸葛亮一再使用「錦囊妙計」，精準預料情況發展，有如神仙一般。可是在史書記載中，只有曹操「演出」過這麼一次，諸葛亮卻沒有。

83. 周泰——東吳「兄弟治國」

曹操收服漢中張魯，凱旋回到鄴都，漢獻帝下詔，封曹操為魏王。曹操任命鍾繇為相國，魏王的朝廷完全比照東漢朝廷，具有完整的功能性。

然後曹操領軍南下，攻打孫權。孫權堅守濡須，由蔣欽與呂蒙共同負責軍事調度，蔣欽屢次讚揚徐盛。由於徐盛以前曾經將蔣欽的一員官屬問罪斬首，孫權因此表示詫異，蔣欽說：「徐盛忠誠且剛直，有謀略、有胸襟，有領導萬人以上的才能。如今國事如麻，我豈能為了私仇而遮蔽賢才之路？」

曹操久攻不下，與孫權議和後撤軍。孫權準備回去建業，命周泰留守濡須，統御朱然、徐盛等將領。

周泰出身寒微，將領們私下都瞧他不起。孫權了解這個情況，於是擺下筵席，集合所有將領，在席上要周泰解開衣裳，露出滿身傷痕。孫權指著傷痕，逐一詢問受傷經過。周泰則一一回溯當時戰役情況。

問罷，孫權命周泰穿上衣裳，握住他的手臂，流著淚說：「幼平（周泰字），你為了我們兄弟，在戰場上作戰如熊虎般勇猛，不惜身體、不惜性命，受到數十次創傷。看你全身肌膚都是刀刻劍割的紀錄，我怎麼忍心不將你視為骨肉，將軍事重任託付給你？」然後以自己的軍樂隊送周泰回營。自此以後，徐盛等將領才都服從周泰指揮。

【原典精華】

權會諸將，大為酣樂，命泰解衣，權手指其創痕，問以所起，泰輒記昔戰鬥處以對。畢，使復服，權把其臂流涕曰：「幼平，卿為孤兄弟，戰如熊虎，不惜軀命，被創數十，膚如刻畫，孤亦何心不待卿以骨肉之恩，委卿以兵馬之重乎！」坐罷，住駕，使泰以兵馬道從，鳴鼓角、作鼓吹而出；於是盛等乃服。

——《資治通鑑・漢紀五十九》

【你沒讀到的三國】

在那個門第至上的時代，出身寒微自然遭到輕視。可是，一旦孫權當眾宣布：「周泰是我的兄弟骨肉。」立即，周泰不再是「寒門」，而成了「主子家人」，受人尊敬。

前面（第七十一章）周瑜也說，他跟孫策、孫權兄弟「外託君臣之義，內結骨肉之恩」。事實上，東吳的君臣關係，一直是「兄弟會」——魯肅與周瑜相互「升堂拜母」，魯肅又拜見呂蒙的母親（第七十二章）。

東吳的重要文臣如張昭、呂範、顧雍等，則都沒有受過這種「殊榮」。在那個戰爭時代，文官雖然位居要津，卻不能成為「兄弟」。

84. 曹丕——賈詡高招定王儲

漢獻帝再下詔：魏王曹操的冠冕上配掛十二條旒（音「留」，玉石串成的流蘇），座車以金龍文虎裝飾（金根車），駕馬六匹，儀隊設五輛副車。這些都是皇帝特有的排場，曹操距離天子之位愈來愈近。

於是，曹操開始認真思考繼承人問題。

曹操元配丁夫人無子，因故觸怒曹操，被送回娘家，立卞夫人為正室。卞夫人生四子：曹丕、曹植、曹彰、曹熊。四個兒子當中，曹操最喜歡曹植，曹植多才多藝，學識豐富，且反應機敏。因此有一幫西瓜族開始聚攏在曹植身邊，並不時在曹操面前稱讚曹植，勸曹操立曹植為嗣子。

曹操以密函徵詢重要幹部的意見，結果多數支持「立嫡長」，這是儒家的一貫原則，包括曹植老婆的伯父（若循私情，應支持曹植）在內。

另一方面，曹丕向賈詡請教自保之道，賈詡對他說：「盼望將軍（曹丕職銜為五官中郎將）培養德性氣度，潛心向學，善盡做兒子的義務，那樣就行了。」曹丕聽進這項建議，深自砥礪。

有一天，曹操屏除左右，詢問賈詡意見，賈詡「嘿然不語」（喉嚨中發出聲音，但不是說話）。

曹操說：「我問你問題，你為什麼不回答？」

賈詡說：「我正在想一件事情，所以無法立即回答。」

曹操：「你在想什麼？」

賈詡：「我正在想，袁紹和劉表父子的事。」

曹操聞言大笑，不久，立曹丕為魏王太子。

【原典精華】

他日，操屏人問詡，詡嘿然不對。操曰：「與卿言，而不答，何也？」詡曰：「屬有所思，故不即對耳。」操曰：「何思？」詡曰：「思袁本初、劉景升父子也。」

操大笑。

——《資治通鑑・漢紀六十》

袁紹、劉表都是曹操手下敗將。袁紹將長子袁譚外放，立次子袁尚為繼承人，後來二子相互攻伐，被曹操分別擊敗。劉表將長子劉琦外放江夏太守，死後次子劉琮繼立，將荊州拱手獻出。賈詡的意思很明顯，卻不直言明講，屬高級的「諷諫」之術。

【你沒讀到的三國】

明太祖朱元璋知道，自己的兒子當中，老四朱棣最優秀，卻因為堅守「立嫡長」，所以將朱棣外放為燕王。並且在太子朱標早逝之後，立朱標的長子朱允炆為「皇太孫」。他死後，朱允炆繼立為帝，卻被朱棣發動軍事政變推翻。

朱元璋當年就是因為三國這段歷史，所以避開了袁紹、劉表的「失敗之道」，而採取了曹操的「安定之道」，結果卻不如他的期待。

85. 曹植——文采勝過才能

曹植確實與太子之位擦身而過。

他十歲就能誦詩賦、作文章，曹操看到小曹植的文章，問他：「你有沒有找人代筆？」曹植下跪告白說：「我出口就成議論，下筆就成文章，不相信的話，可以當場考試，我哪需要請人代筆。」

【原典精華】

太祖嘗視其文，謂植曰：「汝倩①人邪？」植跪曰：「言出為論，下筆成章，顧當面試，奈何倩人？」

——《三國志．魏志．陳蕭王傳》

當時剛好銅雀臺完工，曹操偕兒子們一同登上銅雀臺，教他們各自作賦。曹植提起筆來，迅速完成，文采可觀，從此曹操對他另眼看待。

有一次，曹操帶兵攻打孫權，交付曹植留守鄴都的重任，勉勵他說：「我當年擔任頓丘縣令時才二十三歲，現在回想起來，沒有做過什麼足以後悔的事情（意思是處理事情能力已經成熟，不犯大錯）。你今年也二十三歲了，好自為之啊！」

賦予留守重任，加上這一番話，遂令西瓜族開始向曹植靠攏。可是西瓜族的鼓吹雖使得曹操好幾次想要立曹植為太子，但也因而以更嚴格標準考驗曹植。偏偏曹植才氣高，卻任性而行，不拘小節，又酷嗜杯中物。

曹植的車子在鄴都奔馳，一向不顧外界批評。可是，有一次他的車子上了馳道，並且叫開司馬門出城，那可是皇帝外出才能走的路，曹操自己也只有隨漢獻帝出宮時，才會上馳道、開司馬門。這次，曹操發了脾氣，吩咐公車令（掌管皇宮警衛）將曹植以死罪起訴。當然，最後沒有處死，可是曹操對曹植開始不放心。

後來，曹仁領軍攻襄陽，被關羽包圍，曹操任命曹植為征虜將軍，想要派他帶兵前去救援。差人去召喚曹植，想要命授機宜。孰料，曹植剛好酒醉，無法受命。於是曹操收回成命，曹植也失去了老爹的信任。

前章曹操接受賈詡的諷諫，立曹丕為太子。曹操個性多疑而行事縝密，既然立了曹丕，就要為曹丕剷除障礙。曹丕的障礙就是曹植，曹操當然不可能殺曹植，於是他下手剷除了曹植的第一智囊——楊修。

①倩：通「請」。

86. 楊修——該死因為太聰明

楊修是名門子弟，高祖父楊震有「關西孔子」之美譽，四代都位列三公。楊修是第五代，而他的聰明才智甚至超過父祖——問題就出在他「太聰明」了。

曹操初任丞相，興建府邸大門，修到屋椽時，曹操到工地視察，然後教人在門上寫了一個「活」字，便離開了。大家都不曉得曹操的意思，直到楊修來看見了那個「活」字，就叫人將大門拆掉。說：「門中有個活字，就是『闊』，丞相嫌門太闊了，改窄一點。」

又一次，有人送了一盃酪給曹操，曹操嘗了一些，然後在蓋子上寫了個「合」字，傳給幕僚們看。大家都不懂，傳到楊修時，打開蓋子，吃了一口，然後說：「『合』字拆開就是『人一口』，吃吧，沒問題的。」

曹操怕人暗殺他，常說：「我睡覺時不要隨便靠近，小心我作夢會殺人，殺了人自己卻不知道。」有一次，一位近侍在他睡午覺時，想要幫他蓋被子，卻被曹操跳起來，一刀殺了。醒來後，假裝大驚失色，左右都嗟歎不已。只有楊修冷冷的對那具屍體說：「丞相不是在夢中，你才是在夢中啊！」

楊修每次都猜中（甚至戳穿）曹操心思，但曹操並不是因為嫉才而殺他，而是為了曹丕與曹植的鬥爭。

楊修加入擁曹植的陣營，並迅速成為曹植爭太子的「家教」——他揣摩曹操的心意，模擬各種狀況，預先做好問題答案，交給曹植。結果，曹操的命令才下達，曹植的處理方案不久就放在案上。曹操是個多疑性格，他派人調查，發現真象。於是在曹丕被立為太子之後，曹操認為楊修將成為一大隱患，決心將他除去。

終於給曹操逮到機會：夏侯淵鎮守漢中，被劉備攻打，陣亡。曹操親自領軍往征，與蜀軍對峙不下，進退不得，心中猶豫不決。

【原典精華】

適庖官進雞湯，操見碗中有雞肋，因而有感於懷。正沈吟間，夏侯惇入帳，稟請夜間口號。操隨口曰：「雞肋！雞肋！」行軍主簿楊修見傳「雞肋」二字，便教隨行軍士，各收拾行裝，準備歸程。……修曰：「雞肋者，食之無肉，棄之有味。今進不能勝，退恐人笑，來日魏王必班師矣。」……操大怒曰：「汝怎敢造言，亂我軍心！」喝刀斧手推出斬之。

——《三國演義第七十三回》

楊修就這樣被殺了。至於曹丕，他也有一位智囊——吳質。

87. 吳質——低調的高級智囊

吳質本以文學見長，可是他生的晚，不能進入「建安七子」之列，而建安七子又都是曹植的好朋友，於是他靠向曹丕，而成為重要智囊。

有一次，曹操率大軍出征，曹丕與曹植一同送行。曹植當場作賦稱頌，出口成章，左右為之側目，曹操龍心大悅。轉頭看，卻只見曹丕「悵然自失，獨流涕」，見父王望向自己，「泣而拜，左右皆歔欷」——這一招，就是吳質教的。

楊修等運作立曹植為太子最用力的時候，曹丕十分憂懼，想跟吳質商量。可是吳質當時的官職是朝歌縣長，外官不得批准或奉召，是不能擅自入京的。曹丕想出一招，將吳質藏到裝綢緞的大竹筐裡，用牛車載進自己的府邸，兩人密商對策。

楊修得到消息，就向曹操打小報告。曹操尚未著手調查，曹丕已得到消息，緊急通知吳質。吳質說：「那有什麼問題。」

隔天，又有裝載綢緞的牛車低調進入曹丕府邸。楊修立即報告曹操，曹操下令搜索，卻搜不到人，自此曹操開始懷疑楊修。

【原典精華】

（曹丕）以車載廢簏①內②朝歌長吳質，與之謀。修以白魏王操，操未及推驗。丕懼，告質，質曰：「無害也。」明日，復以簏載絹以入，修復白之，推驗③，無人。操由是疑焉。

——《資治通鑑．漢紀六十》

【你沒讀到的三國】

三國演義只寫楊修總明絕頂，暗示曹操是忌才而殺楊修。但事實上不是。曹操連禰衡都不殺，卻殺了楊修，當然不是因為忌才，而是為了排除自己身後的權力鬥爭因素。

楊修的確聰明過人，可是弱點也在鋒芒太露，他跟曹植的作風完全相合，卻剛好被曹丕與吳質的陰柔路線「剋」到。

由前述故事可以看到，曹丕其實布置得很密，才能在第一時間得悉楊修打小報告——楊修是魏王府行軍主簿，他向魏王報告，消息卻外洩，可見曹丕在魏王身邊布置了眼線。

這件事如果被曹操察覺，曹丕不但太子肯定被廢，搞不好還會被賜死，但曹操始終未曾察覺。單憑這一點，曹丕就比曹植適合「搞政治」，而曹操選擇曹丕為繼承人，顯然是正確的決定。

①簏：音「路」，一種竹子編成的高篋。
②內：音義同「納」。
③推驗：檢查。

88. 龐德——關羽水淹七軍

曹操封了魏王，劉備輸人不輸陣，隨即自稱漢中王。這裡必須交待一下：曹操之前收服了張魯，得到漢中，可是當他轉向東方攻擊孫權，劉備就出兵攻下了漢中。曹操處理完家務事（立太子）之後，親自帶兵攻打漢中，不能取勝，劉備乃完全佔有漢中。

劉備自稱漢中王，而不稱蜀王，當然是著眼於搶佔正統：漢高祖劉邦以漢中起家，劉備現在也稱漢中王，只等曹操篡魏，劉備就可以接收「漢室正統」。

然後，關羽展開北伐。

這是諸葛亮「隆中對」對原始設計：據有荊州、益州之後，跟孫權結成同盟，再派出大將直指宛、洛（中原），主力則攻取關中，向曹操展開鉗形攻勢。

關羽目標指向曹仁據守的樊城，曹仁命于禁、龐德駐防城北。

時值八月雨季，漢水決口氾濫，平地水深數丈，于禁率所部將領登上高崗避洪水。關羽乘大船猛攻，于禁等走投無路，投降，七軍覆沒。

龐德孤軍堅守河堤，主將披甲持弓站在第一線，箭無虛發。從清晨戰到過午，兩軍箭都射盡，展開肉搏，龐德愈戰愈怒，氣勢愈壯。可是卻敵不過大水繼續高漲，軍士文吏全都投降，龐德只能一個人跳上小艇，打算投奔曹仁大營。卻因水流激盪，小艇翻覆，龐德手抱覆船，被關羽生擒。

龐德被抓到關羽面前，挺立不跪。關羽對他說：「你的堂哥（龐柔）在漢中，我有意用你為將軍，你不早點投降，還在等什麼？」

龐德破口大罵：「小子，什麼叫投降？魏王有百萬帶甲戰士，威震天下，你們家劉備只是個庸才，哪裡是對手！我寧為國家（東漢朝廷）之鬼，不當賊將！」關羽被他罵火了，下令殺了龐德。

【原典精華】

羽謂曰：「卿兄在漢中，我欲以卿為將，不早降何為？」德罵羽曰：「豎子，何謂降也！魏王帶甲百萬，威震天下，汝劉備庸才耳，豈能敵邪！我寧為國家鬼，不為賊將也！」羽殺之。

——《資治通鑑．漢紀六十》

魏王曹操接獲報告，說：「我跟于禁認識三十年，想不到，面對危難，還不如龐德！」龐德原本在張魯手下，才歸順曹操不久，因此曹操會如此嗟歎。

89. 陸遜扮豬吃老虎

關羽降于禁、斬龐德，「威震華夏」（威脅到中原），曹操甚至考慮將大本營自許昌北遷鄴城。司馬懿和蔣濟建議：「派人遊說孫權，抄關羽的後路，答應將長江以南都割給他，則樊城的包圍自然解除。」曹操採納。

在此之前，孫權曾經向關羽提親，自己的兒子娶關羽的女兒，孰料關羽將孫權的使者罵了回去。三國演義中，關羽說了一句「虎女不嫁犬子」，粗魯無禮且態度驕橫，孫權當然怒不可遏。於是在曹操派使者來，提出前述條件，孫權乃將呂蒙召回建業密商大計。

呂蒙宣稱「病重，回京就醫」，經過蕪湖時，定威校尉陸遜對呂蒙說：「你遠離防區，難道不擔心關羽？」

呂蒙說：「你說的是，但我的病真的很重。」

陸遜說：「關羽自負其驍勇，氣勢凌人。可是他才剛剛取得大勝，想必更加驕傲，也更加輕忽。他一心北伐，完全不將我們放在眼裡，聽說你病重回京就醫，肯定更不防備。趁這個時候發動突襲，一定可以制服他。你回京見到至尊（至尊指孫權，曹操封魏王，漢備自稱漢中王，孫權尚未稱王，但不宜再稱「吳侯」，否則矮了半截），請妥善計議。」

【原典精華】

蒙曰：「誠如來言，然我病篤。」遜曰：「羽矜其驍氣，陵轢①於人。始②有大功，意驕志逸，但務北進，未嫌於我，有相聞病，必益無備。今出其不意，自可禽③制。下見至尊，宜好為計。」

——《資治通鑑．漢紀六十》

呂蒙稱病回京，原本就是欺敵之計。如今陸遜的說法，竟然與他的想法完全一致。呂蒙不知道陸遜是已經看破卻佯裝不知，還是英雄所見略同。但在與孫權計議之前，只能繼續裝病，說：「關羽一向英勇，如今建立大功，聲勢更壯，不容易對付，切莫輕舉妄動。」回到建業，孫權與呂蒙商定，要突襲關羽，由呂蒙擔任總司令。可是這欺敵之計必須繼續，呂蒙不能回到防區。

孫權問呂蒙：「誰可以接替你的位置？」

呂蒙答：「陸遜思慮深遠，有能力擔當重任。同時他知名度尚低，不會引起關羽的猜忌，是最恰當的人選。」

孫權於是召見陸遜，任命他接替呂蒙，鎮守陸口。陸遜到任，寫信給關羽，大加頌揚關羽的功業，措辭謙卑，還暗示向關羽效忠。

關羽見信大樂，抽調軍隊，向北增援樊城。

①轢：音「力」，車輪碾壓。陵轢：欺壓。
②始：剛剛。
③禽：同「擒」。

90. 桓階——曹操銳氣已消

曹操自赤壁撤退時，留曹仁守襄樊，同時命徐晃駐屯宛城，做為二線支援部隊。于禁兵團瓦解，襄陽陷落，曹仁困守樊城。徐晃乃推進到陽陵坡，並以戰術嚇走關羽派駐偃城的部將。可是他自度力量不足以解樊城之圍，因此按兵不動，只跟城內以射箭傳書聯絡，支撐守軍士氣。

曹操親自統率大軍，南下救援曹仁。幕僚一致認為：「大王若不立即行動，恐怕曹仁撐不住。」

只有侍中桓階提出異議，說：「大王認為，曹仁等人能不能處理當前情況？」

曹操說：「能。」

桓階：「大王擔心曹仁與徐晃不盡全力嗎？」

曹操：「不是。」

桓階：「那麼，為什麼還要親自出馬呢？」

曹操說：「我擔心敵軍勢眾，徐晃等力量不夠。」

桓階說：「曹仁等身處重圍之中，之所以能夠死守而無二心，就是因為大王在外聲援。他們居於必死的險地，一定會激發拚死求生的意志。大王控有強大軍隊，不自己親征，正顯示我軍仍有強大餘力，那又何必自己去呢？」

曹操認為他的分析有理，遂駐軍摩陂（「陂」：山坡。摩陂在今河南郟縣東南），先後派出十二梯次部隊，增援徐晃。

【原典精華】

群下皆謂：「王不亟行，今敗矣。」侍中桓階獨曰：「大王以仁等為足以料事勢不①也？」曰：「能。」「大王恐二人遺力②邪？」曰：「不然。」「然則為何自往？」曰：「吾恐虜眾多，而徐晃等勢不便耳。」階曰：「今仁等處重圍之中，而守死無貳者，誠以大王遠為勢也。夫居萬死之地，必有死爭之心。內懷死爭，外有強救，大王按六軍以示餘力，何憂於敗而自往？」

——《資治通鑑．漢紀六十》

十二波援軍投入，徐晃乃採取主動出擊，關羽數敗，步騎兵解圍撤退。但水軍仍居優勢，樊城與襄陽間交通仍被切斷。

【你沒讀到的三國】

桓階的分析，非常詭異，曹操居然接受，更令人費解。唯一解釋是，曹操對戰爭已經厭倦，甚至畏懼。事實上，之前攻取漢中之後，說出「得隴不可望蜀」，就已經顯示這種心態。

可能是年紀大了，銳氣不再；可能是身體狀況不佳，才會有此表現。而兩個月後，曹操就「薨」了，可印證這個說法。（**註：古時天子死稱「崩」，諸侯死稱「薨」。後來皇帝死稱「崩」，王侯死稱「薨」。**）

①不：讀音「否」，義同。
②遺力：保留力量、不盡力。

91. 傅士仁、麋芳——關羽兵敗被殺

關羽在襄樊失利，同時間，東吳呂蒙的兵馬已經過了長江。

呂蒙假裝生病，由陸遜接替陸口防務，自己卻率領精兵，突擊江陵。他將甲士埋伏在船艙內，由平民水手搖櫓划槳，船面上的官兵都扮成商人（白衣渡江）。由長江逆流而上，沿途遇到關羽設置的崗哨，一律擒拿，是以軍情並未報回江陵。

留守江陵的是南郡太守麋芳（劉備的小舅子），留守公安的是將軍傅士仁，這兩人負責關羽北伐的後勤補給。有幾次不能及時到達，關羽就放話：「等我回荊州，當用軍法制裁。」二人大為恐懼。

呂蒙的部下虞翻跟傅士仁有交情，寫信給傅士仁，傅士仁接信後，即刻投降。呂蒙軍隊到達南郡，傅士仁在城下對麋芳喊話，麋芳開城投降。

呂蒙進入江陵，下令「不准侵犯民宅，不准取一針一線」。一個呂蒙的汝南同鄉，取

了民家一頂斗笠，蓋在鎧甲之上。雖然是為了保護公物不受雨淋，呂蒙仍然流著淚，將他處斬。軍中為之戰慄，社會秩序井然，路不拾遺。

【原典精華】

（呂蒙）約令軍中：「不得干歷①人家②，有所求取。」蒙麾下士，與蒙同郡人，取民家一笠以覆官鎧；官鎧雖公，蒙猶以為犯軍令，不可以鄉里故而廢法，遂垂涕斬之。於是軍中震慄，道不拾遺。

——《資治通鑑．漢紀六十》

關羽得知南郡陷落，立即回軍南下。同時不斷派出使節，責備呂蒙背棄雙方合作約定。呂蒙對關羽派來的使節，特別厚待，讓他走遍江陵全城。於是家家戶戶都向使節報平安，有些還託帶信件。一個又一個使節帶回的都是「家屬安全」訊息，於是兵無鬥志，軍心浮動。

關羽發現大勢已去，向西撤退到麥城，孫權派人向他招降，關羽假裝答應，在城頭遍插旌旗，樹立草人，然後逃走。

這個動作卻擊潰了全軍士氣，大軍剎時瓦解，關羽左右只剩十餘騎兵追隨。最後被孫權的將領潘璋生擒，連同兒子關平一道斬首。

【你沒讀到的三國】

關羽是所有中國人心目中的三國第一名將，可是他這最後一戰卻荒腔走板。

首先是他對待傅士仁與糜芳的態度，這兩人對他的重要性，其實超過其他將領。因為當時兩軍作戰看主將，主將本身神勇，只要部隊肚子飽、身上暖，永遠可以打勝仗。可是關羽卻擺威風，令兩位後勤司令因心生畏懼而叛變，以致後方失守。

回軍援救大本營，在他之前的歷史借鑑，是劉邦攻下彭城，項羽自齊國回軍救援。那一仗，項羽只帶了三萬人，急速行軍，擊潰劉邦數十萬大軍。關羽也應採取同

①干歷：干擾。
②人家：民宅。

樣戰術，以他的英勇，很難說呂蒙能否抵擋得住。卻給了對方施展政治作戰的時間與空間，卒至潰不成軍。

這些都還是戰術上的失誤。關羽最大的錯誤是戰略性的——破壞了「隆中對」的設計，聯合孫權以對抗曹操。

在此之前，孫權和劉備很有默契：曹操在東，劉備就在西邊行動；曹操向西，孫權就在東方展開攻擊；因而讓曹操忙於兩面作戰，維持了鼎足之勢。

關羽激怒孫權，已經破壞了合作的氛圍，但只要他能夠守住荊州，孫權大概也只好忍氣吞聲。如今他兵敗身死事小，孫權得了荊州，反而使三國鼎立的均勢破壞，且孫劉聯合制曹的默契也破壞，三足折了一足，「鼎」就難以維持平衡了。

92. 曹彰——曹魏接班順利

孫權偷襲荊州，殺了關羽，擔心曹操趁機在東方動手，因此上書曹操，自稱「臣」，並且強調說「此乃天命」——暗示擁戴曹操篡位稱帝。

曹操將孫權的上書公開，說：「這小子想讓我坐上火爐呀！」曹操這句話和公開書信的動作是什麼意思？群臣相互觀望，內心各有猜測。

以侍中陳群為首的馬屁集團做出最安全的反應：「漢祚已終，並非始自今日。殿下功德偉大，是全民仰望的領袖。孫權稱臣正是天人感應的明證。殿下應正式登上大位，還有什麼好疑慮的！」

曹操說：「如果天命真的在我身上，我寧願當周文王。」

【原典精華】

操以權書示外曰：「是兒欲踞吾著爐火上邪！」侍中陳群等皆曰：「……此天人之應，異氣齊聲，殿下宜正大位，復何疑哉！」操曰：「若天命在吾，吾為周文王矣。」

——《資治通鑑・漢紀六十》

周文王得到天下三分之二諸侯歸心，但一直沒有採取行動。他死後，兒子周武王才興兵伐紂，建立周朝。曹操這是表明他不會篡位，有可能他最清楚自己的身體狀況。因為，他在說完這話的隔年一月就去世了。

駐軍長安的鄢陵侯曹彰回京奔喪，才下馬，劈頭就問：「先王的印信在哪裡？」賈逵正色對曹彰說：「國家有繼承人制度，先王的印信，不是侯爺您應該問的。」

曹彰是曹操諸子中最勇猛善戰的一個。曹操曾經要曹彰多讀書，曹彰對左右說：「大丈夫生在世間，就應和衛青、霍去病那樣，領十萬騎兵馳騁於沙漠，驅逐戎狄，建立功業。讀那麼多書當個博士有啥用？」

事實上，他真的領軍「驅逐戎狄」，北征烏丸（東胡族）、降服鮮卑。曹操召見他，當面慰勉，他將功勞歸於諸將，曹操對此人為高興。曹彰的鬍鬚色黃，曹操摸著曹彰的鬍鬚說：「黃鬚兒表現不俗喔！」

93. 張飛——師未出身先死

曹丕繼承魏王，第一件事就是把曹植貶做安鄉侯，曹植的黨羽丁儀兄弟被滅族。然後就發動「禪讓」，漢獻帝劉協識相的「下詔」遜位，並派人「持節」將御璽送給曹丕。曹丕還演出三次「辭讓」，最後才在劉協「堅持」之下，登上高臺，接受御璽，成為皇帝。建國號為「魏」（史稱曹魏），東漢帝國這才正式結束。

劉協被封為山陽公，在自己的封邑內，仍然用漢朝歷法，儀禮與音樂都和皇帝一樣。劉協因為識相，才能一直活命到這時候，可是蜀中卻「盛傳」（想必有馬屁集團鼓吹）漢獻帝已經被殺。於是漢中王劉備為獻帝發喪，追尊他為「孝愍皇帝」，馬屁集團更爭相上表「祥瑞出現」，恭請劉備繼位漢帝。唯一提出勸阻的費詩，被劉備貶去永昌（今雲南保山，距成都八百公里的萬山之中）。

劉備於是「順天應人」即皇帝位，國號「漢」（之前自稱漢中王即已預留伏筆，史稱蜀漢）。現在只剩孫權尚未稱帝了。

劉備即帝位之後，就準備攻擊孫權，為關羽報仇。趙雲強烈反對，說：「國賊是曹操，不是孫權。如果先滅曹魏，孫權自然歸附。不該放棄曹魏，先跟孫權交戰。」其他文武官員也多提出勸阻，劉備都不聽。有一位士人（無官職）秦宓上書：「天時不當，出師必然不利。」被逮捕下獄，後來放出，但自此沒人再反對了。

張飛是最贊同為關羽報仇的一位，他率領一萬人前往江州（今重慶市）與劉備會師。開拔前夕，卻被部將張達、范彊刺殺，帶著人頭，投奔孫權。

張飛與關羽齊名。關羽對部屬很照顧，但對士大夫非常驕傲；張飛恰恰相反，禮敬士大夫，卻不體恤士卒。劉備經常告誡張飛：「你用軍法太嚴苛，殺人過當。動不動就鞭打壯士，卻仍然讓他們待在左右，那可是招致災禍的作法啊！」因此，當聽說張飛部隊的都督有表章上奏時，劉備驚呼：「天哪！張飛死了！」

【原典精華】

漢主常戒飛曰：「卿刑殺既過差，又日鞭撾健兒而令在左右，此取禍之道也。」……漢主聞飛營都督有表，曰：「噫，飛死矣！」

——《資治通鑑．魏紀一》

劉備大軍東進，孫權派人求和，諸葛瑾也寫信曉以大義，可是劉備不理。孫權一面派出將領駐防重要據點，一面派人前往洛陽，向曹丕稱臣。魏文帝曹丕封孫權為吳王。

94. 于禁——曹丕的性格陰險面

孫權向曹丕稱臣時，為了示好，將于禁送回魏國。

于禁是曹操的「長征老幹部」，從兗州開始，就追隨曹操，破黃巾、討呂布、降張繡、敗袁紹，堪稱無役不與。只要是曹操領軍出征，于禁不是擔任先鋒，就是擔任後衛；更由於他嚴肅軍紀，自己不貪財物，也不准軍士擄掠，所以得到賞賜特多，但也因此「不得士眾心」。

樊城之戰，曹操派他支援曹仁。關羽水淹七軍，于禁與諸將「登高望水」（其實是倉促間逃避大水，上了高丘），被關羽的水軍包圍，于禁投降，只有龐德不屈而死。曹操感歎：「我認識于禁三十年，臨危反而不如龐德！」

及至孫權襲殺關羽，于禁乃成為吳國的俘虜。孫權為了維持跟曹魏的關係，刻意拉攏于禁。有一次，孫權跟于禁騎馬並行，騎都尉虞翻看了不順眼，呵斥于禁：「你是什麼東西！一個俘虜豈能跟我們主子並肩騎馬？」揚起馬鞭要打于禁，被孫權喝止。

于禁承受長時間的忍辱壓力，被送回魏國時，鬚髮皆白，形容憔悴，晉見曹丕時，流淚叩首。曹丕引用《左傳》荀林父、孟明視的故事安慰他。（荀林父是晉國主將，在晉楚泌之戰大敗，晉景公仍重用他；孟明視是秦國將領，在晉秦殽之戰被晉軍俘虜，逃回秦國，秦穆王仍重用他。）

曹丕任命于禁為安遠將軍，教他前往鄴城祭拜高陵（曹操墓園）。于禁到了高陵，在陵園屋舍中，卻看見牆上畫了「關羽獲勝」、「龐德憤怒」、「于禁降服」等圖畫，既慚愧又羞恨，發病而死。當然，那是曹丕事先命人畫上去的。

【原典精華】

于禁須①髮皓白，形容憔悴，見帝，泣涕頓首。帝慰諭以荀林父、孟明視故事，令北詣鄴謁高陵。帝使豫②於陵屋畫關羽攻克、龐德憤怒、禁降服之狀。禁見，慙③恚發病死。

這個故事顯露了曹丕性格的一角：面對一個父執輩的降將，他不忍殺，又不甘心讓對方安享餘年。在陵園內畫圖，只是想羞辱于禁一番，孰料卻逼死了于禁。

——《資治通鑑．魏紀一》

①須：同「鬚」。
②豫：通「預」。
③慙：同「慚」。

95. 趙咨——孫權身段柔軟

孫權上表稱臣，曹魏帝國的冊封大臣邢貞抵達吳國。吳國群臣不願接受「吳王」封號，認為應該用「上將軍」、「九州伯」。這些頭銜雖非「皇帝」，卻都是古時候天子的職權頭銜。孫權勸服他們說：「從前劉邦也曾接受項羽給的封號當漢王。行事要勇於面對現實，一個虛名對我有什麼損失？」決意接受。

吳王孫權再派中大夫趙咨前往洛陽報聘。

曹丕接見趙咨，問：「吳王是怎樣的君主？」

趙咨回答：「聰明、仁慈，有智慧且有謀略。」

曹丕要他舉出實例。趙咨說：「從平民中拔擢魯肅、呂蒙，是聰明；俘虜于禁而不誅殺，是仁慈；收復荊州兵不血刃，是智慧；據守三州（荊州、揚州、交州），虎視天下，仍能屈身陛下，是謀略。」

曹丕：「吳王讀書嗎？」

趙咨：「吳王擁有戰船萬艘，戰士百萬，志在四方，稍有閒暇，則博覽群書。但他跟一般書讀頭不同，不是鑽研章句，而是從歷史典籍中，吸收當中的深意。」

曹丕：「吳國可以征服嗎？」

趙咨：「大國有討伐大軍，小國有抵禦準備。」

曹丕：「吳國會造成我的威脅嗎？」

趙咨：「百萬雄師加上長江、漢水屏障，若要發動攻擊，並不困難。」

曹丕：「吳國像你這樣的人才有多少？」

趙咨：「超級高明的有八、九十位，跟我同等的，車載斗量，無法勝數。」

【原典精華】

吳王遣中大夫南陽趙咨入謝。帝問曰：「吳主何等主也？」對曰：「聰明、仁智、雄略之主也。」帝問其狀，對曰：「納魯肅於凡品，是其聰也；拔呂蒙於行陣是其明也；獲于禁而不害，是其仁也；取荊州兵不血刃，是其智也；據三州虎視於天下，是其雄也；屈身於陛下，是其略也。」……帝曰：「吳可征否？」對曰：「大國有征伐之兵，小國有備御之固。」……帝曰：「吳如大夫者幾人？」對曰：「聰明特達者，八 九十人；如臣之比，車載斗量，不可勝數。」

——《資治通鑑．魏紀一》

曹丕再派人向吳國要求進貢雀頭香、大貝、明珠、象牙、犀角、玳瑁、孔雀、翡翠、鬥雞、長鳴雞等。吳國群臣大為不滿，認為超過對東漢朝廷的進貢範圍，主張不給。孫權說：「我們正在跟蜀漢對峙，全靠與曹魏保持和平，才能專心西邊。他們所要求的，在我看來，不過一堆瓦石而已，我豈能吝惜這些？」照單貢獻。

96. 孫桓——猇亭之戰

孫權向曹丕宣示效忠並非真心，其實是為了專心對付西方的劉備。

劉備大軍完成整備，沿長江南岸，翻山越嶺，抵達猇亭（今湖北宜昌市內），連營七百里一直到夷陵。

吳軍主師陸遜捺住性子，否決所有將領要求出戰。兩軍相持不戰半年多，陸遜才下令出戰。將領們之前以為陸遜膽怯，這下子抗議聲四起：「一開始不發動攻擊，讓敵人深入五、六百里，僵持七、八個月，要害之地都已加強守備，這時候才要攻擊，有何優勢？」

陸遜說：「敵人剛來之時，士氣高昂，如今人馬疲憊，正是掎角（前項後拉）的時機了。」先行試攻漢軍一個營壘，不利，諸將說：「白白送死而已。」但陸遜說：「我已經有了破敵之計。」

陸遜命士卒每人帶一束茅草，順風縱火，乘火勢蔓延，一路追殺，連破四十餘營，漢

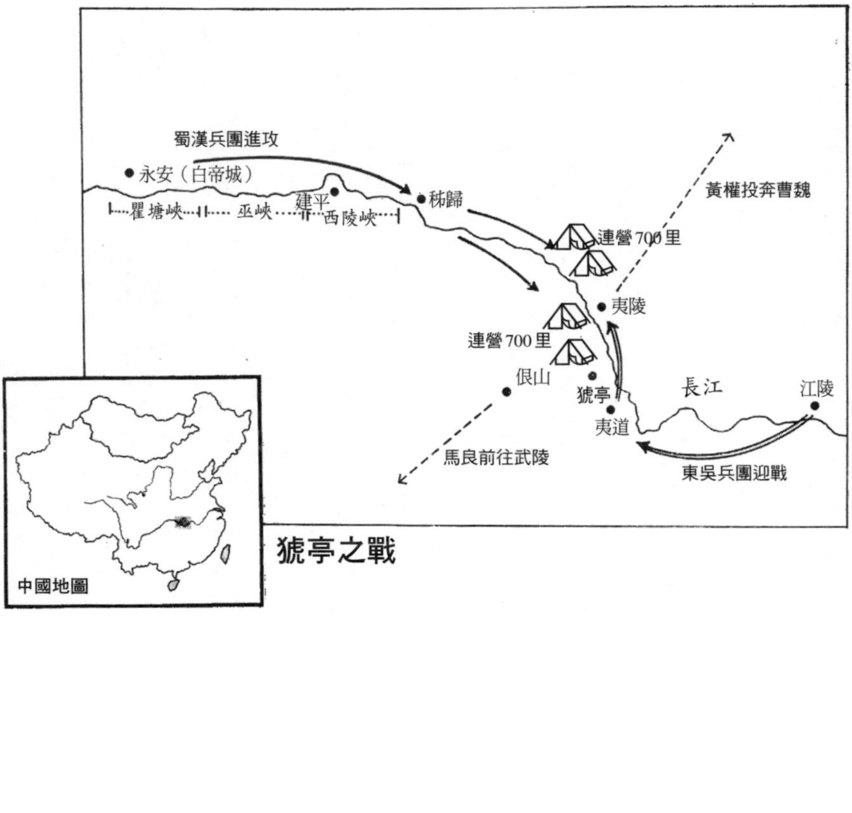
蜀漢兵團進攻
永安（白帝城）
建平
秭歸
瞿塘峽
巫峽
西陵峽
連營700里
黃權投奔曹魏
夷陵
連營700里
佷山
猇亭
夷道
長江
江陵
馬良前往武陵
東吳兵團迎戰
中國地圖

猇亭之戰

軍將領死的死、降的降。

劉備被火勢逼上馬鞍山，吳軍從四面攻擊，漢軍抵擋不住，土崩瓦解，數萬人戰死。劉備乘夜逃遁，幸賴驛站官員將棄置的鎧甲，堆置石門隘口焚燒斷後，劉備才得逃入白帝城。漢軍的舟船、器械、水陸軍用物資，一時損失殆盡，屍體浮滿江面，順流而下。劉備愧恨交加，說：「我竟然敗給陸遜，豈非天意！」

在此之前，吳軍安東中郎將孫桓擔任側翼任務，陷入漢軍包圍，向陸遜求救。陸遜說：「還不可以。」諸將說：「孫桓是主公族人（孫權的族侄），陷入圍困，豈可不救？」陸遜說：「孫桓深得軍心，且城垣牢固、糧食充足，不必擔憂。等到我的戰術奏效，不必我們去救，自然解圍。」

等到勝負已定，包圍孫桓的漢軍果然潰退回奔。孫桓來見陸遜，說：「之前真是恨你不肯來救，等見到事情大定，才明白你的調度自有方略。」

【原典精華】

（孫桓）為漢所圍，求救於陸遜，遜曰：「未可。」諸將曰：「孫安東，公族，見圍已困，奈何不救？」遜曰：「安東得士眾心，城牢糧足，無可憂也。待吾計展，欲不救安東，安東自解。」及方略大施，漢果奔潰，桓後見遜曰：「前實怨不見救；定至今日，乃知調度自有方耳！」

——《資治通鑑．魏紀一》

陸遜年紀輕輕擔任大都督，手下有孫策時期的老將，也有孫家親族，個個後台都硬。陸遜手按劍柄，曉以大義，軟硬兼施，才讓他們聽令。等到擊敗劉備，將領們才心服口服。

猇亭之戰是三國三大決定性戰役之一：官渡之戰曹操統一北方，赤壁之戰確定三國鼎立，猇亭之戰則宣告了鼎足均勢破局。

97. 劉阿斗——劉備白帝城託孤

劉備兵敗，留守成都的諸葛亮嘆息說：「法正如果還活著，一定有辦法阻止主上東征。即令東征，也不會遭受重挫。」法正原本是劉璋部下，後來成為蜀漢政府中「益州幫」的領袖，與諸葛亮性格雖不同，但互相推崇、配合良好。

劉備在白帝城，心情沮喪，病重。將諸葛亮召到白帝城，對他說：「你的才能十倍於曹丕，必能安邦定國，完成大業。如果我的兒子還可以輔佐，就請你輔佐他；如果他不成材，你就取而代之好了！」

諸葛亮流著淚，泣不成聲，說：「我怎敢不竭盡全力，效忠國家，忠貞不二，直到我死為止！」

【原典精華】

漢主謂亮曰：「君才十倍曹丕，必能安國，終定大事。若嗣子可輔，輔之；如其不才，君可自取。」諸葛亮涕泣曰：「臣敢不竭股肱①之力，效忠貞之節，繼之以死。」

——《資治通鑑．魏紀二》

劉備遺命諸葛亮為主，李嚴為副，輔佐太子劉禪，也就是劉阿斗。同時以詔書敕示阿斗：「人活到五十歲，就不算夭壽了。我今年六十有餘，還有什麼遺憾呢？只是對你們兄弟仍有牽掛而已。你要自我勉勵啊！勿以惡小而為之，勿以善小而不為，只有賢能與品德可以讓人敬服。你的父親德行太薄，不值得你效法。你跟著丞相（諸葛亮）學習，要像對待父親一樣恭敬。」

諸葛亮將劉備的棺柩運回成都，安排太子劉禪登極（當年十七歲）。諸葛亮以丞相兼益州牧，國事無分鉅細，全部交由諸葛亮裁決。

尚書鄧芝向諸葛亮提出建議，跟孫權恢復邦交。諸葛亮說：「我已經考慮這件事很久，只不過沒發現適當人選。今天，這個人出現了。」任命鄧芝為中郎將，前往東吳報聘。

鄧芝到達吳國，可是孫權還沒下定決心跟曹魏完全斷絕關係，因此遲遲不接見鄧芝。鄧芝直接上書孫權：「我今天來此，也是為了吳國的利益，不僅僅是為了蜀漢而已。」孫權見信，乃跟鄧芝見面，說：「我有誠意跟貴國重修舊好，只怕你們皇帝幼弱、國土太小，抵擋不住曹魏。」

鄧芝說：「大王是當世英雄，諸葛亮也是一代豪傑。貴我兩國如唇齒相依，進可以吞併天下，退可以鼎足三分。大王如果依附曹魏，他們會要求大王去洛陽朝見，或要求太子入侍（當人質），如果拒絕，曹丕更可以理直氣壯出兵『討伐叛逆』，那時候大王將如何回應？」

這番話說中了孫權的心事，於是決心跟蜀漢聯合。

---

①股：大腿。肱，音「工」，下臂。股肱：親自跑腿。

98. 鄧芝——聯吳制魏的第一線外交官

孫權決定跟蜀漢聯合，是一項明智的戰略判斷——曹丕見劉備兵敗，趁機攻擊孫權。以兩路大軍開闢東西兩個戰場：大將軍曹仁率步騎數萬人攻擊濡須，自己親征荊州（實際總指揮是曹真）。赤壁大戰後，曹魏只據有原荊州八郡之一的南陽郡，還差點被關羽攻下。孫權向曹丕稱臣以緩和東線，曹丕則將荊州（南陽郡）改稱郢州，這下又改回荊州。

孫權既然與曹丕決裂，遂改號為「黃武」，這是不奉曹魏帝國的「正朔」，等於宣布獨立。

曹魏的兩路攻勢都被東吳化解。孫權派張溫前往蜀漢報聘，此後兩國之間信件與使節絡繹不絕，吳蜀聯合的實際執行者則是諸葛亮與陸遜。

孫權刻了一顆印信放在陸遜那裡，所有信差經過荊州時，都給陸遜過目。如果陸遜認為有不妥之處，授權陸遜得以修改，修改後重新繕寫，加蓋孫權的吳王印信後封發。有些不必用國書往來的事情，孫權就交待陸遜，直接與諸葛亮聯絡——吳、蜀之間建立了一條「第二軌道」，合作的互信基礎更加穩固。

蜀漢再派鄧芝去吳國做正式訪問。孫權對鄧芝說：「但願天下從此太平，兩位帝王分別治理自己的國家，豈不是樂事？」

鄧芝回答：「天無二日，民無二王。如果有一天，我們聯合消滅了曹魏，可是大王不能體認上天旨意（天命在漢），那時候，君王各布恩德，群臣各盡忠心，恐怕戰鼓將再擂起，戰爭不過剛剛開始！」

孫權聞言大笑：「你說得真是坦誠啊！」

【原典精華】

漢復遣鄧芝聘于吳，吳主謂之曰：「若天下太平，二主分治，不亦樂乎？」芝對曰：「天無二日，土無二王。如并①魏之後，大王未深識天命，君各茂其德，臣各盡其忠，將提枹鼓②，則戰爭方始耳。」吳王大笑：「君之誠款乃當爾邪！」

——《資治通鑑・魏紀二》

三足鼎立是物理學上的穩定狀態，但那是靜態的；三國鼎立則是政治的、軍事的、動態的。孫、劉聯手抗曹，有共同敵人，所以可以合作打贏赤壁之戰。等到孫、劉反目，東西開戰，聯手抗曹的形勢被破壞，而曹丕稱帝後，更力圖以軍事統一全國，此時若吳、蜀依然相敵對，難保不被曹魏各別擊破。

好在諸葛亮與陸遜頭腦清楚，堅持聯合抗魏大戰略。再加上鄧芝這樣的優秀外交官，看他能不卑不亢的，在孫權面前說出「各為其主，難免一戰」，卻又措辭典雅，完全不帶煙火氣，令人佩服。

①并：同「併」。
②枹：音「福」。枹鼓：戰鼓。

99. 馬謖——諸葛亮七擒七縱孟獲

諸葛亮始終堅持執行他在「隆中對」提出的聯孫抗曹（聯吳制魏）大戰略，這個戰略因關羽的驕矜大意與劉備的小不忍，而亂了大謀。猇亭之戰慘敗，蜀漢失去了荊州，事實上嚴重影響「三足」的均衡，諸葛亮想出來的彌補方法，是採取主動攻勢，對曹魏西邊的關中施壓。這樣一方面維持鼎足的局面（迫使曹魏分兵防守西面），一方面增加東吳「聯蜀」政策的紅利，維持吳蜀緊密聯盟。

採取主動攻勢就要北伐，但在北伐之前，諸葛亮必須確保蜀漢的南方無憂。為此，他親自領軍南征叛變的雍闓、孟獲、朱褒等。

大軍出發，參軍馬謖送行，出成都十里。諸葛亮說：「多年來，我們一同擬訂策略，今天可有好建議提出來嗎？」

馬謖說：「南中（今雲南省）仗恃著路途遙遠，山川險阻。今天將他們擊敗，明天又反了。你正準備北伐，與強敵周旋，蠻族一旦得到情報，得知京師（成都）空虛，就會加速叛變。如果將他們全部屠殺，欲求杜絕後患，既失仁道，又不可能短時間完全消滅。用兵之道，攻心為上，攻城次之，建議你能讓蠻族心服。」

【原典精華】

亮曰：「雖共謀之歷年，今可更惠良規。」謖曰：「南中恃其險遠，不服久矣；雖今日破之，明日復反耳。今公方傾國北伐以事強敵，彼知官勢內虛，其叛亦速。若殄①盡遺類以除後患，既非仁者之情，且又不可倉卒也。夫用兵之道，攻心為上，攻城為下，心戰為上，兵戰為下，願公服其心而已。」

——《資治通鑑．魏紀二》

諸葛亮聽信了馬謖的建議。大軍一路連勝，擊斬雍闓、高定（二人為叛變官員）。可

①殄：音「忝」，盡、絕。

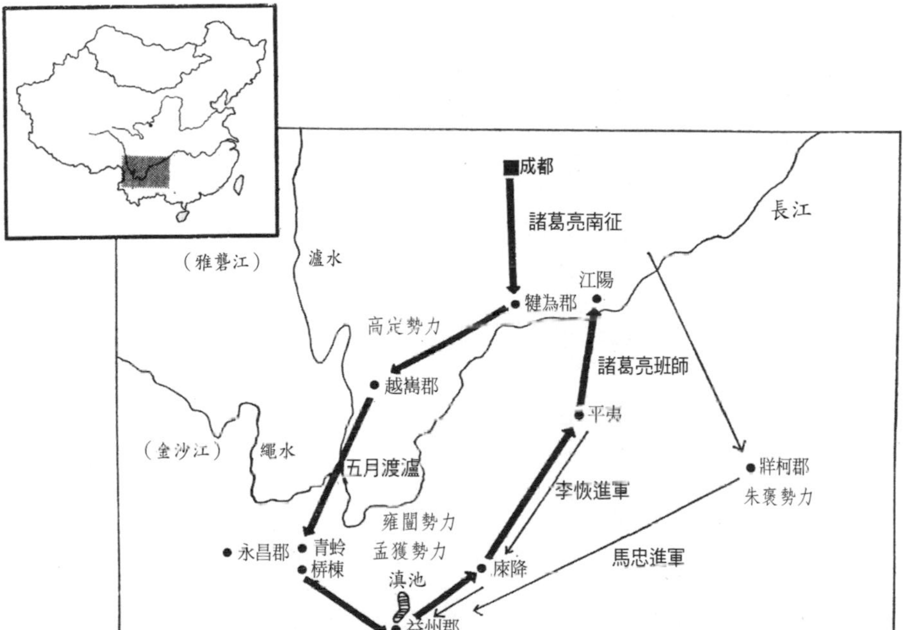

諸葛亮南征（七擒七縱孟獲）

是對於孟獲，諸葛亮下令「一定要生擒」。不久果然生擒，孟獲不服，說：「之前不明虛實，不小心戰敗。」諸葛亮笑著釋放了孟獲，要他捲土重來。結果演出「七擒七縱」，最後一次，諸葛亮又要釋放他，孟獲這回不走了，說：「閣下具有天威，南人（南中蠻族）從此不再叛變了。」

諸葛亮任命蠻族酋長擔任郡縣首長，有才幹的、有影響力的都任命為官員——諸葛亮有生之前，蠻族再沒有叛變過。

【你沒讀到的三國】

馬謖顯然不只是諸葛亮的普通「愛將」而已，事實上是一位高級參謀，而且確實有謀。可是後來「孔明揮淚斬馬謖」，卻是因為馬謖貽誤軍機——總司令部高級參謀居然必須領兵出戰，顯示蜀漢缺乏戰將，也就是所謂「蜀中無大將，廖化做先鋒」的窘況。

設想，漢高祖劉邦手下，沒有韓信，必須派張良出馬，能贏得了項羽嗎？

100. 張昭——孫權稱帝

三國鼎立就在吳蜀聯合制魏之下，維持穩定——所謂穩定，是三國疆域的穩定，事實上戰爭不斷，但互有勝負，沒有大戰役、大變化。

如此久戰卻三方皆無功的情況下，魏文帝曹丕去世，兒子曹叡繼位（魏明帝）。三年後，吳王孫權終於正式登極稱帝，史稱吳大帝。

孫權朝會群臣，推崇已經過世的周瑜。老臣張昭舉起笏板，正打算歌頌功德，還沒開口，孫權先發言：「當初如果聽張先生的話，我早成了乞丐，今天還在（看曹操臉色）討飯！」

當初孫策將基業交給孫權，囑咐「軍事問周瑜，政事問張昭」。當曹操大軍南下時，周瑜主戰，張昭主張奉迎曹操。

孫權的發言，正是針對這件事。張昭聞言大為羞愧，伏在地上，汗流浹背。回去立刻上表辭職，孫權改命他為輔吳將軍，朝會時位置僅次於三公，並封他為婁侯，采邑一萬戶。

這，其實是一場君臣秀。

孫權當吳王跟當吳大帝，實質沒有兩樣，可是吳王是「諸侯」，皇帝則是「主尊」。怎樣才能讓群臣感覺個中不同呢？於是輩份、地位都最高的張昭，配合演出了這麼一幕。經此一來，群臣就知道「禮儀」改變了，以後都要向張昭「看齊」。

群臣乖了，可是張昭習慣未改。每次朝見，仍然言辭嚴厲，意形於色，甚至跟孫權吵嘴，乾脆稱病不上朝。

孫權派使者去張昭家裡，宣他進宮，張昭推說：「年紀大了，又有病在身。」就是不出門。

孫權也火了，派工匠將張昭家的大門用磚頭封起來。張昭也發牛脾氣，命家人在門內也用磚頭封住大門。

最後是孫權放下身段，親自去張宅「拜見」，張昭這下又惶恐了，到門前跪迎皇帝，然後一同進宮。

君臣坐定之後，張昭說：「從前，太后（孫權之母）和桓王（孫策）並沒有把老臣託付給陛下，而是把陛下託付給老臣。……」孫權連連道歉。

【原典精華】

綏遠將軍張昭舉笏欲褒贊功德，未及言，吳主曰：「如張公之計，今已乞食矣。」昭大慚，伏地流汗。……昭坐定，仰曰：「昔太后、桓王不以老臣屬①陛下，而以陛下屬下老臣，……。」吳主辭謝焉。

——《資治通鑑．魏紀三》

孫權受封為吳王，東吳才開始設置丞相。當時群臣都看好張昭，可是孫權卻說：「現在國事繁劇，教他老人家做丞相，不是禮遇他，反而是勞累他了。」後來首任丞相孫邵去世，群臣又擁張昭為丞相，孫權這次乾脆明講：「此公脾氣太大，所言不從，一定會生出岔子來，反而對他不好。」孫權之前以「兄弟會」模式領導東吳，稱帝之後，技巧的避免了「兄弟逾越」的情況發生。

①屬：讀音「主」，託付。

後記

歷史走到這裡，史書定義的「三國時代」才正式開始，因為從此才有三個皇帝同時存在。可是，「人才輩出的三國時代」卻在此時結束，張昭的演出正是最佳見證：英雄碰到皇帝，若不是低頭當奴才，就是被殺頭。

再次引述趙翼所言：「人才莫盛於三國，亦為三國之主，各能用人，故得眾力相扶，以成鼎足之勢。」

趙翼所稱「三國之主」，指的是曹操、劉備、孫權，而曹操、劉備至此都已去世，此後的孫權因年事日高而愈形昏庸。

之後的三國，多的是昏君、暴君（如劉禪、孫皓），多的是權臣（如諸葛恪、司馬師），大權在握而能忠心耿耿的只有一位諸葛亮，所以被杜甫譽為「萬古雲霄一羽毛」。

以次稱得上英雄人物的，以作者的眼光，只有兩個半：鄧艾與姜維各是一個，諸葛誕只能算半個。

本書若要包括這兩個半英雄人物，得再敘述很長一段歷史，是以雖有遺珠，乃能無憾。

作者識

（全文完）

國家圖書館出版品預行編目資料

夕陽紅：百位三國英雄勾勒成敗興衰 / 公孫策著. --
初版. -- 臺北市：商周出版：家庭傳媒城邦分公司
發行, 2015.01
面；　公分. --(Viewpoint；81)（公孫策說歷史
故事；4）
ISBN 978-986-272-716-4(平裝)

1.三國史 2.通俗史話

622.3　　　　10302432

ViewPoint 81

夕陽紅——百位三國英雄勾勒成敗興衰

作　　者／公孫策
企劃選書／黃靖卉
責任編輯／黃靖卉

版　　權／林心紅、翁靜如、邱佩芸
行銷業務／黃崇華、張媖茜
總 編 輯／黃靖卉
總 經 理／彭之琬
發 行 人／何飛鵬
法律顧問／元禾法律事務所王子文律師
出　　版／商周出版
台北市104民生東路二段141號9樓
電話：(02) 25007008　傳真：(02)25007759
E-mail：bwp.service@cite.com.tw
發　　行／英屬蓋曼群島商家庭傳媒股份有限公司城邦分公司
台北市中山區民生東路二段141號2樓
書虫客服服務專線：02-25007718；25007719
服務時間：週一至週五上午09:30-12:00；下午13:30-17:00
24小時傳真專線：02-25001990；25001991
劃撥帳號：19863813；戶名：書虫股份有限公司
讀者服務信箱：service@readingclub.com.tw
城邦讀書花園 www.cite.com.tw
香港發行所／城邦（香港）出版集團
香港灣仔駱克道193號東超商業中心1樓_ E-mail : hkcite@biznetvigator.com
電話：(852) 25086231　傳真：(852) 25789337
馬新發行所／城邦（馬新）出版集團【Cite (M) Sdn Bhd】
41, Jalan Radin Anum, Bandar Baru Sri Petaling, 57000 Kuala Lumpur, Malaysia.
電話：(603) 90578822　傳真：(603) 90576622

封面設計／許晉維
版面設計／洪菁穗
內頁排版／極翔企業有限公司
印　　刷／中原造像股份有限公司
經 銷 商／聯合發行股份有限公司　電話：(02) 29178022　傳真：(02) 29110053

■2015年 1月 6 日初版一刷　　Printed in Taiwan
■2019年 3月11日初版4刷
定價340元

城邦讀書花園
www.cite.com.tw

 ISBN 978-986-272-716-4

商周出版

廣	告	回	函
北區郵政管理登記證			
北臺字第000791號			
郵資已付，免貼郵票			

104　台北市民生東路二段141號2樓

英屬蓋曼群島商家庭傳媒股份有限公司城邦分公司　收

請沿虛線對摺，謝謝！

商周出版

書號：BU3081　　書名：夕陽紅　　編碼：

請於此處用膠水黏貼

商周出版

讀者回函卡

感謝您購買我們出版的書籍！請費心填寫此回函卡，我們將不定期寄上城邦集團最新的出版訊息。

不定期好禮相贈！
立即加入：商周出版
Facebook 粉絲團

姓名：＿＿＿＿＿＿＿＿＿＿＿＿＿＿＿＿ 性別：□男 □女

生日：西元＿＿＿＿＿＿年＿＿＿＿＿＿月＿＿＿＿＿＿日

地址：＿＿＿＿＿＿＿＿＿＿＿＿＿＿＿＿＿＿＿＿

聯絡電話：＿＿＿＿＿＿＿＿＿＿ 傳真：＿＿＿＿＿＿＿＿＿＿

E-mail ：

學歷：□ 1. 小學 □ 2. 國中 □ 3. 高中 □ 4. 大學 □ 5. 研究所以上

職業：□ 1. 學生 □ 2. 軍公教 □ 3. 服務 □ 4. 金融 □ 5. 製造 □ 6. 資訊
□ 7. 傳播 □ 8. 自由業 □ 9. 農漁牧 □ 10. 家管 □ 11. 退休
□ 12. 其他＿＿＿＿＿＿＿＿＿＿＿＿＿＿＿＿

您從何種方式得知本書消息？
□ 1. 書店 □ 2. 網路 □ 3. 報紙 □ 4. 雜誌 □ 5. 廣播 □ 6. 電視
□ 7. 親友推薦 □ 8. 其他＿＿＿＿＿＿＿＿＿＿＿＿

您通常以何種方式購書？
□ 1. 書店 □ 2. 網路 □ 3. 傳真訂購 □ 4. 郵局劃撥 □ 5. 其他＿＿＿＿

您喜歡閱讀那些類別的書籍？
□ 1. 財經商業 □ 2. 自然科學 □ 3. 歷史 □ 4. 法律 □ 5. 文學
□ 6. 休閒旅遊 □ 7. 小說 □ 8. 人物傳記 □ 9. 生活、勵志 □ 10. 其他

對我們的建議：＿＿＿＿＿＿＿＿＿＿＿＿＿＿＿＿＿＿＿＿
＿＿＿＿＿＿＿＿＿＿＿＿＿＿＿＿＿＿＿＿
＿＿＿＿＿＿＿＿＿＿＿＿＿＿＿＿＿＿＿＿

請於此處用膠水黏貼